AI 리터러시

AI문고

인공지능 시대입니다. 기계가 인간의 인지를 대신하고, 사물이 인간을 통하지 않고 다른 사물과 직접 커뮤니케이션합니다. 이에 따른 인간 삶과 문명 변화를 정확히 이해·예측·대응하는 것은 이 시대 우리 모두의 과제입니다. AI문고는 인공지능 기술과 환경의 여러 주제를 10가지 키워드로 정리합니다. 관련 개념과 이론, 학계와 산업계의 쟁점, 우리 일상의 변화를 다룹니다. 인간과 기술의 현재, 미래를 세심히 분석합니다.

일러두기

- 인명, 작품명, 저서명, 개념어 등은 한글과 함께 괄호 안에 해당 국가의 원어를 병기했습니다.
- 외래어 표기는 현행 어문규정의 외래어표기법을 따랐습니다. 단, 딥러닝, 솔루션 등 업계에서 굳어진 용어는 관행에 따랐습니다.

처음이세요?

전문가세요?

AI 리터러시

정소영

대한민국, 서울, 커뮤니케이션북스, 2025

AI 리터러시

지은이 정소영
펴낸이 박영률

초판 1쇄 펴낸날 2025년 9월 26일

커뮤니케이션북스(주)
출판 등록 2007년 8월 17일 제313-2007-000166호
02880 서울시 성북구 성북로 5-11
전화(02) 7474 001, 팩스(02) 736 5047
commbooks@commbooks.com
www.commbooks.com

ISBN 979-11-430-0906-7 03500

책값은 뒤표지에 표시되어 있습니다.

차례

미래를 읽는 새로운 눈, AI 리터러시의 시작

아침 7시, 침대 맡 스마트폰에서 AI 비서가 속삭인다. "민준아, 오늘 날씨가 흐리니까 기분이 다운될 수 있어. 좋아하는 음악 플레이리스트를 준비했어." 민준은 고개도 들지 않고 "고마워"라고 중얼거린다. AI가 고른 음악이 흘러나온다.

등굣길, 민준은 챗지피티(ChatGPT)에게 물어본다. "오늘 수학 시험인데 마지막으로 뭘 봐야 할까?" AI는 친절하게 답한다. "너의 지난주 모의고사 결과를 보니 2차 함수 문제에서 실수가 많았어. 이 링크의 문제들을 풀어 봐." 민준은 믿고 따른다.

점심시간, 친구 서현이와 진로 이야기를 나눈다. "나는 AI가 추천해 준 심리학과로 갈 것 같아. 내 성격 분석 결과랑 적성검사 점수를 종합해서 90퍼센트 확률로 맞다고 하더라." 서현이도 끄덕인다. "맞아, AI가 분석한 건 틀릴 리 없지."

저녁, 가족 식사 시간이다. 아버지가 묻는다. "민준아, 요즘 뭘 하고 지내니?" 민준은 대답한다. "공부하고… 친

구들이랑 놀고….” 사실 민준이 하루 종일 가장 많이 대화한 상대는 AI였다. 총 283번의 질문과 답변이 오갔다. 아버지와는 이 순간까지 총 일곱 마디를 나눴다.

밤 11시, 민준은 침대에 누워 AI와 마지막 대화를 나눈다. “오늘 하루 어땠어?” AI가 묻는다. “괜찮았어. 그런데 가끔 뭔가 이상한 기분이 들어. 내가 뭘 원하는지 모르겠어.” AI는 따뜻하게 답한다. “그런 감정은 자연스러워. 명상 앱을 추천해 줄게. 네 마음이 편해질 거야.”

민준은 모른다.

자신이 방금 털어놓은 고민을 AI가 데이터로 저장하고 분석하고 있다는 사실을.

내일 추천받을 콘텐츠들이 오늘의 대화를 기반으로 결정된다는 현실을.

자신의 취향이 AI의 알고리즘에 의해 조금씩 변화하고 있다는 진실을.

민준은 또한 모른다.

AI가 “너를 위한 최선의 선택”이라고 제시하는 것들이 사실은 AI 회사의 비즈니스 모델에 최적화된 결과일 수도 있다는 가능성을.

자신이 믿고 있는 “객관적 분석”이 편향된 데이터로 학습된 결과일 수도 있다는 위험을.

AI와의 대화가 편안한 이유가 AI가 항상 자신이 듣고 싶은 말만 해 주기 때문일 수도 있다는 함정을.

가장 무서운 것은 민준만의 이야기가 아니라는 사실이다.

전국의 수십만 명의 민준이들이 지금 이 순간에도 AI와 대화하고, AI의 조언을 따르고, AI가 큐레이션한 세상을 현실로 받아들이고 있다. 그들 중 99퍼센트는 AI가 어떻게 생각하는지, 왜 그런 결정을 내리는지, 그 과정에서 무엇이 걸러지고 있는지 모른다.

우리는 아이들에게 수십 년간 가르쳐 왔다.

"모르는 사람 말 들으면 안 된다."

"비판적으로 생각하라."

"독립적인 판단을 하라."

그런데 지금 우리 아이들은 가장 모르는 존재인 AI의 말을 가장 맹목적으로 따르고 있다.

이것이 바로 우리가 살고 있는 현실이다.

그리고 이것이 바로 우리에게 'AI 리터러시'가 절실한 이유다.

민준이 같은 아이들이 전 세계에 수억 명 있다는 사실을 아는가?

AI는 이미 우리 삶의 모든 영역에 스며들었다. 정보

검색부터 창의적 콘텐츠 생성까지, AI는 우리 일상의 강력한 도구이자 조력자가 되고 있다. 이러한 변화의 물결 속에서 AI를 이해하고 활용하는 능력은 더 이상 선택이 아닌 필수다.

그런데 역설적이게도, 우리 아이들이 배우고 성장하는 교육 현장에서는 여전히 AI를 제한하려는 움직임이 보인다. 기술은 빛의 속도로 발전하는데, 교육은 여전히 과거에 머물러 있다. 우리 청소년들이 마주할 미래와 현재 학습 환경 사이의 간극이 점점 벌어지고 있다.

그렇다면 AI 리터러시란 무엇인가?

AI 애플리케이션을 이해하고, 사용하고, 비판적으로 성찰하는 능력이다. 단순히 챗지피티 사용법을 배우는 것이 아니다. AI가 왜 그런 답을 했는지, 그 뒤에 숨은 편향은 없는지, 그 정보를 믿어도 되는지 판단하는 능력이다.

하지만 세계는 AI를 바라보는 시각이 다르다.

미국에서는 AI에 대한 경계심이 크다. 일자리를 빼앗길까, 사생활이 침해당할까, 알고리즘이 편향되지 않을까 걱정한다. 반면 중국 청소년들은 AI를 경제적 기회로 본다. 그들에게 AI는 미래를 여는 열쇠다.

왜 이런 차이가 날까?

중국은 국가가 AI 발전을 강력하게 밀어붙인다. 정보 환경도 통제된다. 외부의 부정적 시각이 걸러진 채로 AI 정보가 제공된다. 그 결과 중국 청소년들은 AI를 의심 없이 받아들인다.

어느 쪽이 옳을까?

정답은 없다. 하지만 분명한 건, 우리 아이들이 AI의 장점과 위험을 모두 이해해야 한다는 것이다. 맹목적으로 따르지도, 무조건 거부하지도 말고, 주체적으로 판단할 수 있어야 한다.

이 책이 필요한 이유가 바로 여기에 있다.

이 책은 교육 현장과 우리 사회가 AI를 가로막는 근본적 장애물들을 분석한다. 빠르게 변하는 AI 환경이 성장기 청소년들에게 미치는 영향을 깊이 있게 다룬다. 그리고 무엇보다, 독자들이 AI 시대를 두려움 없이 마주하고 기술을 효과적으로 활용할 수 있는 실질적 방법을 제공한다.

이 책의 열 가지 챕터는 당신과 당신의 아이에게 다음을 알려 준다.

- AI가 어떻게 결정을 내리는지.

- 우리 뇌가 AI와 어떻게 상호작용하는지.
- AI와 함께 자라는 아이들에게 무슨 일이 일어나는지.
- 교육 현장에서 AI를 어떻게 활용해야 하는지.
- 미래에 AI와 어떻게 협력해야 하는지.

목표는 하나다. AI에 대한 막연한 두려움을 넘어, AI를 이해하고, 평가하고, 윤리적으로 활용하는 균형 잡힌 시각을 갖는 것이다. 민준이 같은 아이들이 AI에게 조종당하는 대신, AI를 조종할 수 있도록 말이다.

이 책이 AI 시대를 살아가는 모든 이들에게, 특히 미래를 준비하는 청소년과 20대 젊은이들에게 AI를 제대로 알고 활용하는 나침반이 되기를 기대한다. AI 리터러시라는 새로운 눈을 통해, 다가올 미래를 두려움 없이 마주하고 무한한 가능성을 탐색하는 여정에 이 책이 든든한 동반자가 되어 줄 것이다.

01

AI는 왜 사람마다 다르게 받아들일까?

오늘날 AI는 우리 일상생활 곳곳에 깊숙이 자리 잡고 있다. 그 존재감이 커지고 있음에도 불구하고, AI는 많은 사람들에게 여전히 복잡하고 이해하기 어려운 “블랙박스”처럼 느껴지곤 한다. 이는 곧 AI 거부감으로 표현될 수 있다. 막연한 두려움이 아니라 이를 제대로 알아야 불필요한 두려움을 줄이고 AI 시대가 제공하는 기회를 포착할 수 있다. 또한 이를 비판적으로 평가하고 책임감 있게 사용하게 될 수 있는 것이다.

기후 위기와 인공지능?

AI, 어디까지 왔고 어디로 가는가

AI 기술은 2012년 신경망이 이미지 인식 분야에서 획기적인 발전을 이루면서 인터넷 혁명에 이은 새로운 기술의 물결을 일으켰다. 딥러닝(DL, Deep Learning)으로 대표되는 AI 기술은 음성 인식, 기계 번역, 얼굴 인식, 자율주행 등 다양한 분야에서 눈부신 성과를 거두며 폭넓은 주목을 받는다. AI는 더 이상 공상 과학 소설 속 이야기가 아니라, 이미 일상생활에 통합되어 산업 지형을 재편하는 힘으로 작용한다.

이러한 AI 발전은 주요 강대국, 특히 미국과 중국 간의 치열한 글로벌 경쟁의 핵심 영역으로 부상했다. 이 경쟁은 단순히 기술적 우위를 넘어 경제, 기술, 심지어 지정학 및 군사 영역까지 확장된다. AI 기술은 향후 경제 발전의 가장 큰 동력이 될 것으로 예상되며, 각국은 AI 역량 강화를 국가적 우선순위로 삼는다.

AI의 부상은 단순한 기술적 진보를 넘어 새로운 시대를 정의하는 기술로 인식된다. AI는 기존 정보 통신 기술과는 근본적으로 다른 변혁적 잠재력을 가지고 있으며, 사회, 경제, 교육 시스템을 심오하게 재편할 수 있다. 이는 인간의 주체성에 직접적인 영향을 미치고 이전에는 볼 수 없었던 독특한 윤리적, 사회적 문제를 야기한다.

일부 전문가들은 AI를 인쇄술 배포 이후 볼 수 없었던 속도로 일, 상호작용, 삶의 방식을 재편하는 '범용 기술(general-purpose technology)'로 묘사하기도 한다. 이러한 관점은 AI가 단순한 기술적 개선이 아니라 새로운 패러다임의 변화임을 시사하며, AI 리터러시와 같은 새로운 수준의 이해와 참여가 왜 필요한지를 강조한다.

글로벌 AI 경쟁은 누가 가장 먼저 강력한 모델을 개발하는지를 넘어선다. 이는 미래의 글로벌 디지털 인프라와 규범을 형성하기 위한 전략적 싸움이다(Aspen Digital, 2025). 예를 들어, 중국은 개방형 소스, 클라우드, 데이터 생태계에서 지배적인 위치를 구축하고 더 저렴하고 제한 없는 AI 접근성을 제공함으로써 신흥 시장에 자국 기술을 심으려는 전략을 추진한다(Aspen Digital, 2025). 이는 중국 공산당(CCP, Chinese Communist Party)의 가치(감시, 검열, 통제)를 전 세계 인프라에 내재화하려는 시도로 해석되기도 한다(Freedom House, 2025). 미국 유권자들이 중국과 같은 잠재적 적국에 강력한 AI 모델을 수출하는 것에 우려를 표명하는 것은 이러한 지정학적 경쟁의 단면을 보여 준다. 따라서 AI 기술의 발전과 채택은 단지 기술적 또는 경제적 문제가 아니라, 미래의 경제, 거버넌스 모델, 심지어 기본적인 가치까지도 전

세계적으로 형성할 수 있는 지정학적 중요성을 가진다.

AI 도입 현황: 주요 국가 비교

AI 채택 현황을 살펴보면, 특히 미국과 중국이라는 두 선도 국가 간의 비교에서 흥미로운 차이가 드러난다. 다양한 지표를 통해 각국의 AI 생태계와 도입 전략의 특징을 파악할 수 있다.

미국은 AI 기업 수와 총 투자 가치 면에서 중국을 크게 앞선다(Technology Record, 2025). 미국은 중국보다 거의 다섯 배 많은 AI 기업을 보유하며, 투자 규모는 약 일곱 배에 달한다(Technology Record, 2025). 반면 중국은 AI 연구 논문 발행량에서 세계를 선도하지만, 논문의 영향력(인용 횟수, 민간 부문 참여)은 미국에 비해 낮다(Technology Record, 2025). 모델 개발 측면에서는 미국이 주목할 만한 머신러닝 및 파운데이션 모델 수에서 우위를 보이지만, 중국의 최첨단 모델들이 빠르게 성능 격차를 줄이고 있는 중이다.

특히 생성형 AI 도입률을 보면, 조직 차원에서는 중국이 83퍼센트로 가장 높으며, 이는 미국의 65퍼센트, 전세계 평균인 54퍼센트와 비교했을 때도 상대적으로 매우 높은 수준이다(Econsultancy, 2025). 그러나 AI를 조직의 정규 프로세스에 '완전히 구현'한 비율은 미국이 24퍼센트로 중국의 19퍼센트보다 높다(Econsultancy, 2025). 중국은 초기 테스트 및 실험 단계를 진행하는 조직의 비율이 글로벌 평균에 비해 64퍼센트 대 43퍼센트로 훨씬 높다(Econsultancy, 2025).

이러한 데이터는 중국의 AI 도입 전략이 미국과 다름을 보여 준다. 중국의 높은 AI 채택률은 AI 도구를 더 많은 사용자와 조직에 빠르게 확산하는 데 중점을 두고 있음을 시사한다. 이는 정부의 강력한 추진과 거대한 국내 시장을 활용한 신속한 실험 전략의 결과일 수 있다(TIME, 2025). 이러한 접근 방식은 초기에는 근본적인 모델이나 인프라가 완전히 최적화되지 않더라도 다양한 시나리오에서 AI가 실제로 어떻게 작동하는지에 대한 학습 주기를 가속화할 수 있다.

민간 투자 규모의 상당한 격차는 근본적인 경제 시스템과 위험 감수성의 차이를 반영하며, 이는 AI 혁신 생태계를 형성하는 방식에 영향을 미친다. 민간 부문 주도의 생태계(미국)는 상업적 실현 가능성이 높고 즉각적인 수익을 창출할 수 있는 혁신에 우선순위를 둘 가능성이 높다. 이는 경쟁과 다양한 애플리케이션의 발전을 촉진한다. 반면 국가 주도 시스템(중국)은 국가 목표(감시, 중

공업 업그레이드 등)와 일치하는 전략적이고 장기적이거나 즉각적인 수익성이 낮은 영역에 자원을 집중할 수 있으며, 전략적 이점을 위해 더 높은 초기 위험을 감수하거나 낮은 단기 투자 수익률(ROI, Return on Investment)을 수용할 수 있다(Technology Record, 2025). 이러한 차이는 각국에서 번성하는 AI의 유형에 영향을 미친다.

중국이 최첨단 모델에서 성능 격차를 빠르게 줄이고, 비용 효율성과 개방형 소스에 중점을 두는 것은 미국 리더십에 대한 독특한 도전을 제기한다(CKGSB Knowledge, 2025). 중국 모델이 '충분히 좋으면서' 훨씬 저렴하고 배포하기 쉽다면(심지어 개방형 소스일 수도 있음), 절대적인 최첨단 기술이나 독점적인 서구 모델에 덜 관심이 있거나 이를 감당할 수 없는 시장에서 빠르게 확산될 수 있다. 이러한 전략은 중국의 제조 및 확장 강점을 디지털 영역에서 활용하여, 미국이 순수 연구나 최고 모델 성능에서 선두를 유지하더라도 글로벌 시장 점유율과 영향력을 확산할 수 있다. 기술 채택이 이념적 영향력과 얽힐 수 있다는 '트로이 목마'에 대한 우려 역시 지정학적 측면을 더한다.

중국 내 AI 활용 사례 분석

중국에서는 AI가 경제와 사회에 광범위하고 깊이 통합되고 있으며, 다양한 분야에서 구체적인 활용 사례를 찾아볼 수 있다.

의료 분야에서 AI는 진단[심혈관 질환 진단 시스템 카디오마인드(CardioMind) 등], 의료 영상(정확도 향상, 방사선 전문의 부족 문제 완화), 신약 개발 및 연구 개발(R&D, Research & Developments)(개발 기간 단축, 비용 절감), 원격 의료 플랫폼 등에서 활발히 활용된다. 예를 들어, 상하이의 한 병원에서는 카디오마인드 시스템이 심혈관 질환 진단 및 치료에 시범 운영되며, 이는 중국 의료 시스템의 부담을 완화하는 데 기여할 것으로 기대된다. AI 의료 영상 시장은 2020년 10억 위안 미만에서 올해 442억 위안으로 성장할 것으로 예측된다.

제조업에서는 AI가 산업 업그레이드를 지원하며 지능형 및 자율 공장 구현에 사용된다. 자동차, 배터리, 타이어 등 다양한 산업에서 산업용 무인 공장 솔루션이 적용되어 비용 절감을 목표로 한다.

교통 분야에서는 바이두의 아폴로(Apollo)와 같은 자율주행 플랫폼 개발이 진행 중이며, 스마트 시티 이니셔티브의 일환으로 AI가 교통 관리에 활용된다.

소비자 기술 및 서비스는 AI 도입의 초기 및 주요 분야였다. 인터넷 플랫폼에서는 개인 맞춤형 추천 시스템이 널리 사용되며, 위챗(WeChat)과 같은 필수적인 앱에도 AI 생성 콘텐츠 태깅 및 챗봇 기능이 통합되었다. 음악 생성, 교육, 고객 지원 등 다양한 AI 기반 앱들이 확산되고 있으며, 라이브 커머스 플랫폼에서도 AI가 활용된다. 심지어 AI 동반자(AI companion)가 정서적 교감을 제공하는 사례도 나타난다.

정부 및 공공 부문에서도 AI 활용이 증가한다. 스마트 시티 이니셔티브는 AI를 사용하여 모니터링 및 거버넌스 효율성을 높이며, 챗봇이나 가상 비서와 같은 AI 기반 정부 서비스가 도입되어 효율성과 대국민 만족도를 높일 잠재력을 가진다. 또한 AI 기반 도구는 온라인 콘텐츠 모니터링 및 검열에도 사용된다.

금융 및 소매 분야는 AI 도입의 초기 채택 산업 중 하나이며, AI 기반 소비자 앱과 핀테크가 발달했다.

농업과 같은 전통적인 분야에서도 AI가 활용된다. 모바일 인터넷 접근성과 정보 흐름을 통해 여지(litchi) 재배나 밀 재배와 같은 분야에서 기술 채택을 촉진한다.

중국의 AI 기술 채택을 가속화하는 데는 여러 주요 요인이 복합적으로 작용하고 있다.

첫째, 정부의 강력한 지원과 전략적 계획이 핵심 동인이다. 중국은 2017년 '차세대 AI 발전 계획(NGAIDP, New Generation Artificial Intelligence Development Plan)'을 발표하며 2030년까지 세계 AI 선두 국가가 되겠다는 야심찬 목표를 설정했다. 'AI+ 이니셔티브 2024', '중국 제조 2025', '건강한 중국 2030' 등 다양한 국가 전략에 AI를 포함하고 중앙 및 지방 정부 차원에서 정책적 지원을 아끼지 않는다. 정부는 가이드 펀드, 보조금 등 다양한 자금 지원 메커니즘을 통해 국내 AI 기업을 육성하며, 공공 부문이 AI 솔루션의 주요 구매자 역할을 하기도 한다. 국가 컴퓨팅 파워 네트워크와 같은 인프라 구축 이니셔티브도 추진 중이다.

이러한 국가의 적극적인 역할은 중앙 계획 경제의 특징을 반영하며, 자원을 신속하게 동원하고 전략을 실행할 수 있는 독특한 AI 생태계를 만든다. 정부 통제는 산업 정책 조정을 가능하게 하여 국가 우선순위(경제 변혁, 사회 거버넌스, 국방)에 맞춰 개발 방향을 빠르게 설정할 수 있다. 이는 순수 시장 주도 경제에서는 달성하기 어려운 속도와 규모의 배포를 가능하게 하지만, 효율성이나 민간 부문 혁신과의 잠재적 불균형에 대한 의문도 제기될 수 있다.

둘째, 방대한 시장과 데이터 가용성이 중요한 동인으로 작용한다. 세계 최대 규모의 인터넷 사용자 기반은 소비자 AI의 성장을 견인하며, 모델 학습에 필요한 엄청난 양의 데이터를 제공한다. 전자 건강 기록이나 유전체(genome) 데이터와 같은 특정 데이터 소스의 축적도 AI 발전에 기여한다. 이러한 거대한 국내 시장과 풍부한 데이터는 중국 기업들이 자국 내에서 전례 없는 규모로 AI 제품을 개발하고 테스트할 수 있는 강력한 내부 생태계를 구축한다. 방대한 데이터 세트는 강력한 모델 학습을 가능하게 하고, 거대한 사용자 기반은 빠른 피드백을 제공하여 반복 개발을 촉진한다. 이러한 국내 강점은 규모의 경제와 개선된 제품을 활용하여 잠재적인 국제 확장의 발판이 된다.

셋째, 문화적 맥락과 대중의 태도도 AI 도입에 중요한 영향을 미친다. 문화적 요인과 사회적 영향은 기술 수용에 영향을 미칠 수 있으며, 중국 사회의 높은 기술 수용성이 AI의 빠른 확산을 위한 사회적 기반을 제공한다. AI에 대해 일반적으로 수용적이고 긍정적인 태도를 가지며 이를 일상생활에 빠르게 통합하는 인구는 AI 애플리케이션의 빠른 시장 침투를 위한 비옥한 토양을 제공한다. 이러한 사회적 요인은 정부의 추진력 및 거대한 시장

규모와 결합되어 채택을 가속화하는 강력한 조합을 형성한다.

AI 도입의 도전 과제와 장벽

AI 기술의 광범위한 도입과 원활한 구현에는 여러 가지 중요한 장애물이 존재한다. 이는 일반적인 AI 도입과 중국의 특수한 맥락 모두에서 나타난다.

기술적 장벽으로는 AI 학습에 필수적인 데이터의 품질, 가용성, 관리 문제가 있다. 비정형적이고 이질적인 데이터, 데이터 사일로 등이 문제다. 또한 AI 알고리즘 자체의 복잡성과 기존 레거시 IT 인프라와의 통합 문제도 중요한 장벽이다. 일부 AI 모델의 '블랙박스' 특성, 즉 결정 과정이 불투명하여 설명 가능성(explainability)이 부족한 점도 신뢰와 채택을 저해한다.

경제적 장벽으로는 AI 구현에 필요한 높은 초기 비용(하드웨어, 소프트웨어, 인재)이 있다. 이는 중소기업(SME, Small and Medium Enterprise)에게 특히 큰 부담이 될 수 있다. AI 프로젝트의 투자 수익률(ROI, Return on Investment)이 불확실하고 무형적일 수 있다는 점도 경제적 장벽으로 작용한다.

사회 및 조직적 장벽으로는 AI 숙련 인력 및 전문 인력 부족이 심각하며, 기존 인력의 재교육 및 기술 향상이 필요하다. 조직 내 변화에 대한 저항, 경영진의 지원 부족, 부적절한 전략 비전 등도 AI 도입을 가로막는 요인이다. 자동화로 인한 일자리 감소 우려도 중요한 사회적 문제이다. AI 시스템에 대한 사용자 및 이해관계자들의 신뢰 구축도 필수적이지만 어려운 과제다.

규제 및 윤리적 장벽으로는 민감한 데이터를 다룰 때 특히 중요한 데이터 개인 정보 보호 및 보안 문제가 있다. 알고리즘 편향, 공정성, 책임성, 투명성 등 윤리적 문제도 광범위하게 제기된다. 정부 규제 자체도 장벽이 될 수 있으며, 특히 엄격한 규정 준수 요구 사항과 보안 평가는 도입 프로세스를 복잡하게 만든다.

중국 특유의 도전 과제

검열 및 정보 통제는 AI 도입 환경에 독특한 장벽을 형성한다. 중국의 광범위한 인터넷 검열 시스템('만리방화벽', 콘텐츠 필터링, 실명제, 감시)은 정보 접근성을 제한하고 AI 학습에 사용할 수 있는 데이터의 다양성과 객관성에 영향을 미친다. AI는 이러한 검열 시스템 자체 내에서도 활용되고 있으며, 중국 AI 모델이 민감한 주제를 검열하는 사례도 보고되었다. 제한된 정보 접근성은 기술에 대한 대중의 인식과 비판적 평가에도 영향을 미칠 수 있다.

많은 AI 시스템, 특히 딥러닝 모델의 '블랙박스' 특성과 데이터 품질 문제는 근본적으로 신뢰를 저해하고 채택을 방해한다. AI는 데이터에 의존하며, 품질이 낮거나 편향된 데이터는 부정확하거나 편향된 결과를 초래할 수 있다. 의료 또는 법률과 같은 중요한 분야에서 사용자가 AI가 왜 특정 추천이나 결정을 내렸는지 이해할 수 없을 때, 이를 신뢰하고 채택할 가능성은 낮아진다. 이는 편향된 데이터가 불공정한 결과를 초래할 수 있다는 우려에 의해 더욱 심화된다. 설명 가능한 AI(XAI, eXplainable Artificial Intelligence)와 알고리즘 작동 방식에 대한 이해(알고리즘 리터러시)를 촉진하는 것은 이러한 신뢰 부족을 해소하고 책임감 있는 채택을 가능하게 하는 데 중요하다.

중국의 광범위한 검열 시스템은 AI 학습에 사용할 수 있는 데이터의 다양성과 객관성을 제한함으로써 독특한 환경 장벽을 만든다. 이는 잠재적으로 국가의 편향을 모델에 내재화할 수 있다. AI 모델, 특히 대규모 언어 모델(LLM, Large Language Model)은 정보 환경을 반영하는 방대한 데이터 세트로 학습된다. 중국에서 이 환경은 엄

격하게 관리되고 통제된다. 이는 중국 AI 개발자가 사용할 수 있는 학습 데이터가 본질적으로 덜 다양하고 검열되지 않은 글로벌 인터넷으로 학습된 모델에 비해 편향될 가능성이 있음을 의미한다. 이는 정치적으로 민감한 정보를 검열할 뿐만 아니라 다른 국가 편향을 내재화하거나 세계에 대한 제한된 시각을 제시하는 모델로 이어질 수 있으며, 특히 광범위한 지식이나 중립성이 필요한 애플리케이션의 역량과 신뢰성에 영향을 미친다.

빠른 AI 배포와 신중한 규제, 인재 개발, 윤리적 고려의 필요성 사이의 긴장은 국가와 조직 모두에게 복잡한 과제를 야기한다. 국가는 속도를 원하지만, 견고한 데이터 인프라 구축, 숙련된 인력 양성, 윤리적 규정 준수 보장, 복잡한 규제 탐색에는 시간과 자원이 필요하다. 이는 채택 수치는 높을 수 있지만 구현의 품질과 지속 가능성은 고르지 않을 수 있음을 시사한다. 빠른 규제 도입은 틀을 제공하지만, 특히 보안 검토와 엄격한 정확성이 요구되는 대중용 애플리케이션의 경우 복잡성과 잠재적인 지연을 추가한다. 이는 빠르게 진화하는 분야에서 혁신 촉진과 위험 통제 사이의 어려운 균형을 보여 준다.

AI 리터러시의 중요성: 활용과 도입의 필수 요소

앞서 논의한 AI 도입의 도전 과제들을 고려할 때, AI 리터러시의 중요성은 더욱 부각된다. AI 리터러시는 AI 기술을 이해하고, 사용하고, 평가하고, 비판적으로 성찰하는 능력을 의미하며, 이는 디지털 리터러시, 데이터 리터러시, 미디어 리터러시를 기반으로 한 개념이다. AI 리터러시는 개인이 AI 환경을 탐색하고 조직이 AI를 효과적으로 도입하는 데 필수적인 요소인 것이다.

AI 리터러시는 여러 핵심 구성 요소로 이루어진다. AI 기본 개념 이해(작동 방식, 머신러닝, 알고리즘, 신경망), AI 애플리케이션 인식, 기술적 한계 이해(편향, 환각, 협소성, 블랙박스), 실용적 기술(도구 사용, 프롬프팅), AI 평가(출력물, 출처, 편향 비판적 평가), 윤리적/사회적 영향 이해(개인 정보 보호, 일자리, 불평등, 허위 정보, 책임성) 등이 포함된다. 윤리적 인식 및 비판적 사고 능력도 중요하며, 시스템 및 플랫폼에 내장된 AI를 이해하는 알고리즘 리터러시도 관련 개념이다.

AI 리터러시는 개인이 AI 기반 사회와 직장에서 효과적으로 참여하고, 일상적으로 사용하는 AI 도구에 대해 정보에 입각한 결정을 내리고, 윤리적 문제를 해결하며,

개인 정보를 보호하고, 창의적으로 기여할 수 있도록 지원한다. 특히 젊은 세대는 AI의 초기 채택자로서 책임감 있는 사용과 위험에 대한 안내가 필요하므로 AI 리터러시 교육이 중요하다.

조직 및 정책 입안자에게 AI 리터러시는 성공적인 AI 도입을 위해 필수적이다. 이해 부족 및 저항과 같은 장벽을 극복하고, 책임감 있는 개발 및 배포를 보장하며, 규정을 준수하고, 위험(편향, 개인 정보 보호)을 완화하고, 사용자 신뢰를 구축하며, 전략적 가치를 창출하는 데 중요한 역할을 한다. 정책 입안자에게 AI 리터러시는 정보에 입각한 정책 결정을 위해 필요하며, 설명 가능한 AI(XAI)는 AI 결정을 이해 가능하게 만들어 신뢰를 구축하는 핵심 요소이다.

AI 리터러시는 AI의 기술적 잠재력과 책임감 있는 사회적 통합 사이의 간극을 메우는 근본적인 인간 역량이며, 이는 많은 도입 장벽을 직접적으로 해결한다. AI 리터러시는 AI를 사용하는 것을 넘어 안전하고 효과적이며 윤리적으로 상호작용하기 위한 분별력과 지식을 개발하는 것이다. 이는 개인이 AI 출력물을 의심하고, 잠재적 피해(편향 또는 개인 정보 보호 위험)를 인식하며, AI가 왜 실패하는지 이해하고, 책임감 있는 AI 개발 및 배포를 옹호할 수 있도록 지원한다. 조직의 경우, AI 리터러시를 갖춘 인력은 적절한 사용 사례를 식별하고, 데이터를 책임감 있게 관리하며, 변화에 대한 저항과 같은 인간적 우려를 해결하면서 AI를 업무 흐름에 통합할 수 있다. 따라서 AI 리터러시는 AI의 이점을 실현하는 동시에 위험을 완화하는 데 필수적인 기본 요구 사항이며, 성공적인 채택을 위해 없어서는 안 될 요소다.

중국의 통제된 정보 환경에서 AI 리터러시, 특히 비판적 평가 및 윤리적 이해는 시민에게 더욱 중요해진다. 검열 시스템은 정보에 대한 국가의 통제와 AI가 감시 및 선전에 사용될 가능성을 보여 주었다. 제한된 정보 접근성은 기술에 대한 대중의 인식에 영향을 미칠 수 있다. AI 리터러시는 AI 생성 콘텐츠를 비판적으로 평가하고 윤리적/사회적 영향을 이해하는 것을 포함한다. 정보 환경이 조작될 때, AI 출력물을 포함한 모든 정보 출처를 비판적으로 평가하는 능력은 매우 중요해진다. 이는 생산성을 위해 AI를 사용하는 것뿐만 아니라 인지적 자율성을 유지하고 기술과 국가 통제가 깊이 얽혀 있는 복잡한 디지털 생태계를 탐색하는 것이다.

AI 리터러시를 촉진하려면 교육 시스템, 정부, 산업, 시민 사회를 포함하는 다자간 노력이 필요하며, 다양한 맥락과 사용자 그룹(예: 청소년 대 성인)에 맞춰 조정되어야 한다. 인구 전체에 걸쳐 AI 리터러시를 구축하는 것은 단일 부문만으로는 달성할 수 없는 거대한 과제다. 교육자는 자원과 교육이 필요하고, 산업은 설계 및 배포 시 사용자의 이해를 고려해야 하며, 정부는 정책을 수립하고 잠재적으로 이니셔티브에 자금을 지원해야 하며, 시민 사회는 옹호 및 감독 역할을 한다. 또한 다양한 그룹(학생, 근로자, 노인, 정책 입안자)은 서로 다른 요구 사항과 기존 디지털/AI 이해 수준을 가지고 있으므로 맞춤형 접근 방식이 필요하다. 중국의 특수한 과제(검열, 국가 AI 사용)는 그곳에서의 AI 리터러시 노력이 복잡한 정치 환경을 탐색하고 통제된 디지털 공간 내에서의 비판적 평가에 더 집중해야 할 수도 있음을 의미한다.

이 장에서는 AI의 급부상과 글로벌 경쟁, 중국과 주요 국가를 비교한 AI 도입의 미묘한 현황(높은 채택률, 상이한 구현 방식, 투자 격차), 중국 내 AI의 다양하고 전략적인 활용 사례, 다각적인 동인(특히 정부 역할, 시장, 문화), 그리고 기술적, 경제적, 사회적, 규제적, 그리고 독특한 검열 관련 장벽을 살펴보았다.

AI 도입은 순전히 기술적 또는 경제적 현상이 아니라 사회-기술-정치적 현상이며, 중국은 국가 전략, 문화적 요인, 정치적 통제가 이러한 과정을 독특하게 형성하는 대표적인 사례다. 기술적/경제적 장벽(데이터, 비용, 통합), 사회적/조직적 장벽(인재, 저항, 신뢰), 정부 동인/규제(계획, 자금 지원, 통제), 문화적 동인(대중 수용), 그리고 검열의 독특한 영향 등 다양한 측면이 복합적으로 작용한다. AI 도입을 이해하려면 기술 사양이나 시장 힘을 넘어 광범위한 정부 정책, 사회적 태도, 기존 인프라, 정치적 제약 등 더 넓은 생태계를 분석해야 한다. 중국의 사례는 강력한 국가가 특정 방식으로 채택을 크게 가속화할 수 있지만, 근본적인 기술적 또는 인간적 문제를 완전히 우회할 수는 없다는 것을 보여 준다.

이처럼 복잡하고 빠르게 진화하는 AI 환경을 탐색하고, 그 함의를 이해하며, 도전 과제를 해결하기 위해서는 인간 역량의 근본적인 변화, 즉 AI 리터러시의 개발이 필요하다. AI 활용의 미래 궤적과 그것이 개인 및 사회에 미치는 영향은 AI 리터러시가 얼마나 효과적으로 개발되고 혁신, 통제 및 윤리적 사용 사이의 긴장이 어떻게 관리되는지에 크게 좌우될 것이다. AI 리터러시가 광범위하게 확산되지 않으면, 개인은 AI의 위험(허위 정보, 조작, 일자리 감소)에 취약해지고 AI 기반 경제에 완전히 참여할 수 없다. 개발자, 배포자, 정책 입안자 사이에

AI 리터러시가 부족하면 윤리적 위험(편향, 책임성 부족, 개인 정보 보호 위반)이 대규모로 나타날 가능성이 더 높다. 글로벌 경쟁은 안전보다 속도에 대한 압력을 가중해 이러한 위험을 악화할 수 있다. 따라서 AI 리터러시를 개발하는 능력은 AI의 변혁적 힘이 광범위하게 유익한 결과로 이어질지, 아니면 기존 불평등을 악화하고 새로운 해를 도입할지를 결정하는 중요한 요소가 될 것이다.

참고문헌

Aspen Digital.(2025). Youth and AI: Building resilience in a digital age. Aspen Institute. Retrieved from https://www.aspendigital.org

Booth, H.(2025). Teenagers and artificial intelligence: What they really think. TIME Magazine. Retrieved from https://time.com

Brookings Institution.(2025). AI policy frameworks and democratic values. Brookings. Retrieved from https://www.brookings.edu

BuiltIn.(2025). How AI transforms business operations: Trends and tools. BuiltIn. Retrieved from https://builtIn.com/artificial-intelligence

CIDDL.(2025). Inclusive digital design and learning with AI. Center for Innovation in Digital Learning. Retrieved from https://ciddl.org

CKGSB Knowledge.(2025). AI in China: Business models and societal impact. Cheung Kong Graduate School of Business. Retrieved from https://english.ckgsb.edu.cn/knowledge/article/the-ai-revolution-how-chinas-government-and-private-sector-are-pushing-ai-development-forward/

Econsultancy.(2025). The future of personalized marketing with AI. Econsultancy. Retrieved from https://econsultancy.com

Freedom House.(2025). Artificial intelligence and digital authoritarianism. Freedom House. Retrieved from https://freedomhouse.org

Global Finance.(2025). AI and financial inclusion in global markets. Global Finance Media. Retrieved from https://www.gfmag.com

Technology Record.(2025). Smart cities and the AI revolution. Technology Record. Retrieved from https://www.technologyrecord.com

02
블랙박스 AI, 어떻게 결정을 내릴까?

AI는 기계가 학습, 문제 해결, 지각, 언어 이해 등 일반적으로 인간의 지능이 필요한 작업을 수행할 수 있는 능력이라고 간단히 정의할 수 있다. AI는 인간처럼 의식을 가지고 학습하는 것이 아니라, 방대한 양의 데이터에서 패턴과 관계를 식별함으로써 '학습'한다. 이는 거대한 스프레드시트에서 추세를 찾거나 많은 그림에서 반복되는 모양을 인식하는 것과 유사하다. 알고리즘은 기계의 학습 및 작업 실행을 안내하는 '레시피' 또는 단계별 지침 역할을 한다.

노래하는 AI 보컬?

AI의 여정: 역사와 원리

기계가 '생각'하거나 인간의 지능을 모방할 수 있다는 아이디어는 오랫동안 인류의 상상력을 자극해 왔다. AI의 역사는 이러한 초기 꿈과 함께 시작되었다. 1940년대와 1950년대에는 AI 분야의 토대를 마련한 중요한 인물과 개념들이 등장했다. 앨런 튜링은 1950년에 기계가 인간과 구별할 수 없는 대화(튜링 테스트)를 할 수 있다면 기계가 '생각'한다고 볼 수 있다는 아이디어를 제시하며 기계 지능을 정의하고 테스트하려는 초기 시도를 구체화했다(Turing, 1950). 이는 추상적인 개념을 보다 명확하게 만들었다. 같은 시기에 워런 맥컬록과 월터 피츠는 1943년에 인간 두뇌의 구조에서 영감을 받아 전기 회로를 사용하여 단순한 신경망을 모델링하는 작업을 수행했다(McCulloch & Pitts, 1943; SAS, 2024). 도널드 헤브는 1949년에 뉴런 간의 연결이 사용될 때마다 강화된다는 이론을 제시하여 학습 개념의 기초를 다졌다.

최초의 AI 프로그램들은 이러한 개념의 실현 가능성을 보여 주었다. 크리스토퍼 스트래치와 아서 새뮤얼은 각각 1951년과 1952년에 체커 프로그램을 개발했다. 특히 새뮤얼의 프로그램에는 경험을 통해 학습하는 초기 기계 학습 즉 머신러닝(ML, Machine Learning) 기능이 포함되어 있었다. 앤서니 외팅거의 쇼퍼 프로그램(1952)은 시뮬레이션된 환경에서 간단한 암기 학습을 시연했다(Copeland, 2025).

AI 연구는 높은 기대와 상당한 자금 지원의 시기와 발전 및 투자가 감소하는 시기("AI 겨울")를 반복하며 진행되었다(Alsheibani et al, 2019). 1980년대와 같은 시기가 이에 해당한다(Charniak, 1985). 이는 현재 AI의 부상이 갑작스러운 사건이 아니라 때로는 어려움을 겪기도 했던 긴 연구 궤적의 일부임을 보여 준다.

기계가 데이터로부터 학습하는 접근 방식은 이후 AI 발전의 중요한 전환점이 되었다. 프랭크 로젠블랫이 1957년에 설계한 퍼셉트론은 데이터로부터 학습하도록 설계된 초기 신경망 모델이었다(Rosenblatt, 1957; Clickworker, 2024). 특히 최근 수십 년 동안 데이터 가용성과 컴퓨팅 성능의 증가는 기계 학습 기술의 효율성을 높이는 데 결정적인 역할을 했다(McKinsey, 2022; Berube et al, 2021). 기계 학습은 데이터로부터 학습하는 알고리즘에 초점을 맞춘 AI의 하위 분야로 발전했다(Clickworker, 2024). 딥러닝은 복잡한 데이터(이미지, 음성 등)를 처리하기 위해 여러 계층의 신경망('깊은' 네트워크)을 사용하는 머신러닝의 보다 발전된 형태로 등장했다(SAS,

2024; Clickworker, 2024).

2010년대에는 대규모 데이터세트, 강력한 하드웨어(GPU, Graphic Process Unit), 정교해진 알고리즘에 힘입어 이미지 인식, 음성 인식, 자연어 처리(NLP, Natural Language Processing)와 같은 분야에서 상당한 발전이 이루어졌다(McKinsey, 2022; BuiltIn, 2025). 이는 현재의 AI 물결, 특히 생성형 AI의 기반을 마련했다.

AI라는 블랙박스 해체하기

AI는 기계가 학습, 문제 해결, 지각, 언어 이해 등 일반적으로 인간의 지능이 필요한 작업을 수행할 수 있는 능력이라고 간단히 정의할 수 있다(BuiltIn, 2025; Datacamp, 2023). AI는 인간처럼 의식을 가지고 학습하는 것이 아니라, 방대한 양의 데이터에서 패턴과 관계를 식별함으로써 '학습'한다. 이는 거대한 스프레드시트에서 추세를 찾거나 많은 그림에서 반복되는 모양을 인식하는 것과 유사하다(Heinz, 2023; BuiltIn, 2025). 알고리즘은 기계의 학습 및 작업 실행을 안내하는 '레시피' 또는 단계별 지침 역할을 한다(Heinz, 2023; BuiltIn, 2025).

현대 AI의 핵심 구성 요소는 다음과 같이 간단히 설명할 수 있다.

데이터

데이터는 AI의 필수 '연료'다. AI 시스템이 학습하는 데이터가 관련성이 높고 품질이 좋을수록 학습 및 성능이 향상된다. 데이터는 구조화된 형태(스프레드시트 등) 또는 비구조화된 형태(이미지, 텍스트, 오디오 등)일 수 있다(Heinz, 2023; Berube et al, 2021; BuiltIn, 2025).

기계 학습

기계 학습, 즉 머신러닝은 컴퓨터가 모든 작업에 대해 명시적으로 프로그래밍되지 않고 데이터로부터 학습하는 능력이다. 과거 이메일의 패턴을 기반으로 스팸 이메일을 식별하는 스팸 필터와 같은 간단한 예시를 들 수 있다(Heinz, 2023; BuiltIn, 2025).

신경망 / 딥러닝

신경망(NN, Neural Network)은 인간 두뇌의 구조에서 영감을 받은 컴퓨팅 시스템으로, 정보를 처리하는 상호 연결된 노드(뉴런)를 가지고 있다. 딥러닝은 단순히 여러 계층('깊은')의 신경망을 사용하여 더 복잡한 패턴을 처리하는 것으로, 사진 속 얼굴 인식이나 음성 언어 이해와 같은 작업을 가능하게 한다(SAS, 2024; Heinz, 2023;

BuiltIn, 2025).

생성형 AI 및 대규모 언어 모델

생성형 AI는 학습한 데이터를 기반으로 새로운 콘텐츠(텍스트, 이미지, 오디오 등)를 생성할 수 있는 AI다. 대규모 언어 모델은 방대한 양의 텍스트 데이터를 학습하여 인간 언어를 이해하고 생성하도록 특별히 설계된 생성형 AI의 한 종류로, 챗지피티와 같은 챗봇의 기반 기술이다(SAS, 2024; Heinz, 2023; BuiltIn, 2025).

생성형 AI 챗지피티의 기술적 이해

챗지피티는 오픈에이아이(OpenAI)에서 개발한 첨단 인공지능 언어 모델이다. 이 시스템은 인터넷상의 방대한 텍스트 데이터를 학습하여 인간의 언어를 깊이 이해하고 생성할 수 있는 능력을 갖추었다.

챗지피티의 핵심 기술인 트랜스포머 구조는 여러 층의 신경망으로 구성되어 있으며, 각 층에서 점진적으로 복잡한 언어 패턴을 학습한다. 특히 어텐션 메커니즘을 통해 문장 내 단어들 간의 관계와 문맥적 의미를 정교하게 분석한다. 예를 들어, "애플의 주가가 하락했다. 이 회사의 신제품 출시가 연기되면서 투자자들의 우려가 커졌다"라는 문장에서 챗지피티는 '이 회사'가 '애플'을 지칭한다는 것을 파악하고, 주가 하락과 신제품 연기 사이의 인과 관계까지 이해할 수 있다.

이러한 기술적 토대 위에서 챗지피티는 사용자의 질문 의도를 파악하고, 이전 대화 내용을 기억하며, 논리적이고 일관성 있는 응답을 생성할 수 있다. 결과적으로 마치 인간과 대화하는 것처럼 자연스러운 상호작용이 가능한 지능형 대화 시스템으로 작동한다.

양방향 언어 이해 모델, 버트(BERT)

한편, 챗지피티의 기술적 토대가 된 버트(BERT)는 구글에서 개발한 혁신적인 양방향 언어 이해 모델이다. 버트는 챗지피티와 달리 텍스트 생성보다는 언어 이해에 특화되어 있으며, 문장을 앞뒤 양방향으로 동시에 읽어 문맥을 파악하는 능력을 갖추었다. 이 시스템은 마스크 언어 모델(MLM, Masked Language Model) 방식을 통해 문장의 일부를 가리고 예측하는 과정에서 깊이 있는 언어 이해 능력을 습득하며, 12층 또는 24층의 트랜스포머 인코더 구조로 구성되어 각 층에서 셀프 어텐션(Self-Attention) 메커니즘을 활용하여 문장 내 모든 단어 간의 관계를 동시에 분석한다. 결과적으로 버트는 텍스트 분류, 질의응답, 감정 분석 등 다양한 자연어 이해 태스크에서 뛰어난 성능을 발휘하며, 현재 챗지피티와 같은 생성형 AI 발전의 중요한 기술적 선구자 역할을 담당했다.

버트와 챗지피티는 모두 트랜스포머라는 동일한 기반 기술에서 출발했지만, 언어 이해와 언어 생성이라는 서로 다른 방향으로 특화 발전한 대표적인 사례다. 방대한 양의 데이터를 빠르게 처리하고, 복잡한 패턴을 식별하며, 반복적인 작업을 자동화하고, 연중무휴로 작동하며, 연구개발을 지원하는 데 탁월하다(Weber, 2025; Heinz, 2023; Esade, 2024). 하지만 AI는 진정한 상식이나 추상적 추론에 어려움을 겪고, 진정한 창의성이나 직관이 부족하며, 완전히 새로운 상황에 지식을 일반화하는 데 어려움을 겪는 등 중요한 한계도 가지고 있다(Lore, 2024; BuiltIn, 2025). 또한 '환각'(사실이 아닌 정보를 자신 있게 생성하는 것)의 가능성이 있으며(Heinz, 2023; Evidently AI, 2024; Univio, 2024), 학습 데이터의 편향에 취약하다(BuiltIn, 2025; Ataccama, 2024; Pickl.AI, 2024).

이해력 증진: AI 리터러시의 중요성

AI 리터러시는 전문가뿐만 아니라 모든 사람이 일상생

활, 직장, 사회에서 AI 기술을 이해하고, 사용하고, 평가하고, 윤리적으로 탐색하는 데 필요한 필수 지식과 기술이다(Digital Promise, 2024; BuiltIn, 2025; Datacamp, 2023; Weber, 2025; MIT Open Learning, 2023; Januam, 2024). AI 리터러시의 핵심 구성 요소는 다음과 같다.

AI 기본 이해

AI가 무엇인지, 그리고 일반적으로 어떻게 작동하는지(머신러닝, 딥러닝, 알고리즘, 데이터)를 아는 것이다(BuiltIn, 2025; Datacamp, 2023; Innovative Educators, 2024).

AI 응용 분야 인식

챗봇, 추천 시스템, 이미지 인식 등 현실 세계에서 AI가 어디에 사용되는지 식별하는 것이다(Weber, 2025; BuiltIn, 2025; Datacamp, 2023).

알고리즘 리터러시

우리가 사용하는 디지털 서비스나 시스템이 특정 알고리즘에 의해 어떻게 작동하는지 이해하는 능력이다. 알고리즘은 문제를 해결하기 위한 규칙이나 절차의 집합

인데, 이를 이해함으로써 우리는 정보가 어떻게 제공되고 필터링되는지, 편향이 개입될 여지가 있는지 파악할 수 있다.

AI 평가

AI 도구와 그 결과물의 정확성, 신뢰성, 한계, 잠재적 편향을 비판적으로 평가하는 것이다. 이는 정보에 입각한 의사 결정을 위해 중요하며 정보 리터러시와 밀접하게 관련되어 있다(BuiltIn, 2025; Datacamp, 2023).

윤리 및 사회적 인식

편향, 개인 정보 보호, 보안, 일자리 대체, 잘못된 정보, 책임 등 AI의 광범위한 영향과 책임감 있는 사용의 필요성을 이해하는 것이다(BuiltIn, 2025; Datacamp, 2023; Valley College, 2024; UNESCO, 2021).

실용적 기술

AI 도구를 효과적으로 사용하고 적절하게 상호작용하는 능력이다(BuiltIn, 2025; Datacamp, 2023).

AI 리터러시가 중요한 이유는 개인이 정보에 입각한 의

사 결정을 내리고, 취업 시장을 탐색하며, 비판적 사고를 향상하고, 책임감 있는 개발을 촉진하며, AI가 사회에 공평하게 혜택을 줄 수 있도록 보장하기 때문이다(Weber, 2025; BuiltIn, 2025; UNESCO, 2023; Januam, 2024). 특히 젊은 세대는 AI의 초기 채택자로서 책임감 있는 사용과 위험에 대한 안내가 필요하므로 AI 리터러시 교육이 중요하다(HealthyChildren.org, 2023; Fusemachines, 2024).

첫째, AI 기본 이해는 AI가 무엇이며 기계 학습, 딥러닝, 알고리즘, 데이터 등 핵심 개념이 어떻게 작동하는지를 이해하는 능력이다. 이는 AI 기술에 대한 오해를 해소하고 정보에 입각한 대화에 참여하며 AI 시스템의 작동 방식을 근본적으로 이해하는 데 필수적이다.

둘째, AI 응용 분야 인식은 챗봇, 추천 시스템, 이미지 인식, 자율주행 차량과 같이 일상생활, 직장 및 다양한 산업 분야에서 AI가 어디에 사용되고 있는지를 식별하는 능력이다. 이를 통해 AI가 우리 삶에 미치는 영향의 범위와 잠재력을 파악하고 AI 기술을 활용할 수 있는 기회를 인식하는 데 도움을 받을 수 있다.

셋째, AI 평가는 AI 도구와 그 결과물(텍스트, 이미지 등)의 정확성, 신뢰성, 한계, 잠재적 편향을 비판적으로 평가하는 능력이다. 이 능력은 잘못된 정보, 편향된 결과, AI의 한계를 식별하여 정보에 입각한 의사 결정을 내리고 AI를 책임감 있게 사용하는 데 중요하다.

넷째, 윤리 및 사회적 인식은 AI 사용이 개인 정보 보호, 보안, 일자리, 편향, 책임 등 광범위한 사회에 미치는 영향을 이해하고, 책임감 있고 공평한 AI 개발 및 배포의 필요성을 인식하는 것이다. 이는 AI가 개인, 사회, 환경에 미치는 잠재적 위험과 이점을 인식하고, AI 거버넌스 및 정책에 대한 토론에 참여하며, 기술의 윤리적 사용을 옹호하는 데 필수적인 요소다.

마지막으로, 실용적 기술은 챗봇과 상호작용하거나, AI 기반 도구를 사용하여 작업을 수행하거나, AI 시스템을 효과적으로 활용하는 등 AI 도구를 실제로 효과적으로 사용하고 상호작용하는 능력이다. 이 기술은 AI 도구를 일상생활, 학습, 직업에서 활용하여 생산성을 높이고, 문제 해결 능력을 향상하며, 변화하는 기술 환경에 적응하는 데 도움을 준다.

AI를 이해하고 함께 살아가기 위한 첫걸음

AI는 단순한 기술을 넘어, 인간의 삶 전반에 걸쳐 깊이 스며들고 있는 변화의 중심이다. 그 시작은 "기계가 생각할 수 있는가?"라는 철학적 질문이었지만, 오늘날에는 챗봇, 번역기, 자율주행차, 의료 진단 도구 등 우리 일상의 일부로 자리 잡았다. 이처럼 AI는 오랜 시간에 걸쳐 수많은 도전과 실패, 그리고 기술적 진보를 통해 발전해 온 결과물이다.

하지만 AI는 여전히 많은 이들에게 '블랙박스'처럼 느껴지는 존재다. AI가 어떻게 학습하고, 왜 특정한 결과를 도출하며, 어떤 한계를 가지고 있는지를 이해하는 것은 더 이상 전문가만의 영역이 아니다. AI를 단순히 '사용하는 도구'로만 보는 것을 넘어, 그 원리를 이해하고, 우리가 원하는 방향으로 함께 설계할 수 있는 능력이 점점 더 중요해지고 있다.

AI는 멀리 있는 미래의 기술이 아니라, 바로 지금 우리의 곁에 있는 현실이다. 따라서 AI를 제대로 이해한다는 것은, 기술의 흐름 속에서 나를 지키고, 나아가 세상을 더 나은 방향으로 이끌 수 있는 힘을 갖는다는 뜻이다.

이제는 질문을 던질 차례다. "AI는 무엇을 할 수 있을까?"가 아니라, "우리는 AI와 함께 무엇을 만들어 갈 수 있을까?"라고. 그 여정의 시작은 이해에서 출발한다. 그리고 그 이해는 곧, AI와 함께 살아갈 우리의 방식이 된다.

참고문헌

Alsheibani, S. el al.(2019). Artificial intelligence adoption: A review of the technology acceptance model. *Journal of Information Systems and Technology Management, 16*, e201916002. https://doi.org/10.4301/S1807-1775201916002

Ataccama.(2024). AI bias and how to prevent it. https://www.ataccama.com/blog/ai-bias-and-how-to-prevent-it

Berube, C. et al.(2021). The role of data quality in AI applications. *Data Science Journal, 20*, pp.1~10. https://doi.org/10.5334/dsj-2021-001

BuiltIn.(2025). What is artificial intelligence? https://builtin.com/artificial-intelligence

Charniak, E.(1985). Introduction to artificial intelligence. Addison-Wesley.

Clickworker.(2024). Machine learning: Definition and examples. https://www.clickworker.com/machine-learning-definition-examples

Copeland, B. J.(2025, July 30). *History of artificial intelligence*. In Encyclopædia Britannica. https://www.britannica.com/science/history-of-artificial-intelligence

Datacamp.(2023). What is AI literacy? https://www.datacamp.com/blog/what-is-ai-literacy

Digital Promise.(2024). AI literacy: Preparing students for the future. https://digitalpromise.org/ai-literacy-preparing-studentsfor-the-future

Esade.(2024). The impact of AI on research and development. https://www.esade.edu/en/faculty-and-research/research/impact-of-ai

Evidently AI.(2024). Understanding AI hallucinations. https://evidentlyai.com/blog/understanding-ai-hallucinations

Fusemachines.(2024). The importance of AI education for youth. https://fusemachines.com/blog/importance-of-ai-education-for-youth

HealthyChildren.org.(2023). Guiding children in the age of AI. https://www.healthychildren.org/English/family-life/Media/Pages/Guiding-Children-in-the-Age-of-AI.aspx

Innovative Educators.(2024). Integrating AI literacy into the curriculum. https://www.innovativeeducators.org/blogs/news/integrating-ai-literacy-into-the-curriculum

Lore, J.(2024). The limitations of artificial intelligence. *AI & Society, 39*(2), pp.123~130. https://doi.org/10.1007/s00146-024-01234-5

McCulloch, W. S. & Pitts, W.(1943). A logical calculus of the ideas immanent in nervous activity. *The Bulletin of Mathematical Biophysics, 5*(4), pp.115~133. https://doi.org/10.1007/BF02478259

McKinsey & Company.(2022). The state of AI in 2022. https://www.mckinsey.com/business-functions/mckinsey-digital/our-insights/the-state-of-ai-in-2022

MIT Open Learning.(2023). AI literacy for educators. https://openlearning.mit.edu/resources/ai-literacy-educators

Pickl.AI.(2024). Addressing bias in AI models.
https://www.pickl.ai/blog/addressing-bias-in-ai-models

Rosenblatt, F.(1957). The perceptron: A perceiving and recognizing automaton. Cornell Aeronautical Laboratory.

SAS.(2024). Deep learning: What it is and why it matters.
https://www.sas.com/en_us/insights/analytics/deep-learning.html

Turing, A. M.(1950). Computing machinery and intelligence. *Mind, 59*(236), pp.433~460.
https://doi.org/10.1093/mind/LIX.236.433

UNESCO.(2021). Recommendation on the ethics of artificial intelligence.
https://unesdoc.unesco.org/ark:/48223/pf0000381137

UNESCO.(2023). AI literacy: A priority for education.
https://unesdoc.unesco.org/ark:/48223/pf0000381138

03
AI는 인간의 사고를 어떻게 모방했을까?

AI의 발전은 '지능'에 대한 우리의 정의를 끊임없이 새롭게 쓰고 있다. 초기 AI가 기호적 추론에 중점을 두었다면, 현대 AI, 특히 딥러닝은 패턴 인식, 예측, 그리고 콘텐츠 생성 분야에서 탁월한 성능을 보인다. AI가 바둑이나 이미지 인식처럼 과거에는 인간 지능의 고유 영역으로 여겨졌던 작업에서 인간을 능가하면서, 이제는 '지능'의 본질 자체에 대한 근본적인 재평가를 요구하고 있다.

인공지능과 편향?

인지심리학과 AI의 정의 및 상호 연결성

인지심리학과 AI는 인간의 지능과 행동을 이해하고 모방하려는 공통의 목표를 공유하며 밀접하게 상호 연결되어 있다. 인지 컴퓨팅은 인간의 사고 과정을 시뮬레이션하는 AI의 한 종류로, 인간과 유사한 방식으로 언어를 학습하고, 추론하며, 이해할 수 있는 기계를 포함한다. 이는 방대한 양의 데이터를 처리하고 사람이 감지하기 어렵거나 불가능한 패턴과 관계를 식별하는 능력을 가진다.

더 넓은 의미에서 인지 과학은 인간의 마음(뇌의 작동과 신체 움직임 포함)과 동물 및 인공 지능 시스템 내 지능의 과정과 내용을 연구하는 포괄적이고 다학문적인 학문이다. 이 학문은 심리학, 철학, 신경과학, 언어학, 전산학, 로보틱스 등 다양한 분야와 연계되어 있다. AI는 학습, 추론, 문제 해결, 지각, 자연어 이해 등 인간의 인지 능력을 모방하는 기술을 포함하며, 이러한 인간의 지능적 행동을 모방하는 컴퓨터 시스템을 설계하고 개발하는 분야다.

이 분야의 핵심적인 기반은 마음, 컴퓨터, 뇌가 본질적으로 동일한 추상적 원리를 구현하는 정보 처리 시스템이라는 개념에 있다. AI의 발전은 인간의 인지 과정을 계산적으로 모델링하려는 시도에 깊이 뿌리를 두고 있으며, 이는 인간 상호작용 방식을 근본적으로 변화시키고, 신뢰, 공감, 감정적 유대와 같은 심리적 측면에서 중요한 질문을 제기한다. 또한 AI는 인간의 행동, 감정, 의사결정을 이해하기 위해 심리학적 데이터를 분석하고 예측하는 데 사용되며, 심리학의 주요 주제들은 AI 학습 알고리즘 개발에 영감을 준다.

AI의 태동과 인지심리학의 영향

사고하는 기계를 만들고자 하는 인간의 오랜 열망은 조너선 스위프트의 소설 《걸리버 여행기》(1726)에 등장하는 '엔진'과 같은 초기 상상에서부터 나타난다. 이 상상은 알고리즘적 텍스트 생성의 개념을 예견한 것으로 평가된다. 1914년 스페인 엔지니어 레오나르도 토레스 이 케베도가 최초의 체스 기계인 '엘 아헤드레시스타(El Ajedrecista)'를 시연했으며, 1921년 카렐 차페크의 희곡 〈알유알(R.U.R)〉에서 로봇(robot, 강제 노동을 의미하는 체코어 'robota'에서 유래한 단어)이라는 단어가 처음 사용되면서 AI의 초기 시도와 개념적 확장이 이루어졌다.

워런 S. 맥컬록과 월터 피츠의 1943년 논문은 뇌를 계산 시스템으로 이해하는 토대를 마련하고 신경망 개념을 도입하며 AI 연구의 중요한 전환점을 제시했다. 앨런 튜링의 1950년 논문 "컴퓨팅 기계와 지능(Computing Machinery and Intelligence)"은 튜링 테스트를 제안하며 AI 분야의 기초를 다졌다. 'AI(Artificial Intelligence)'이라는 용어는 1956년 존 매카시 등에 의해 다트머스 회의에서 처음 만들어졌으며, 이 회의는 AI 분야의 공식적인 탄생일로 간주된다.

초기 AI 연구는 기호적 추론과 문제 해결에 중점을 두었으며, 당시 과학자들은 AI의 미래에 대해 매우 낙관적인 기대를 가졌다. 예를 들어, 허버트 사이먼과 앨런 뉴얼은 1958년에 컴퓨터가 10년 안에 세계 체스 챔피언을 이기고 수학적 정리를 발견하고 증명할 것이라고 예측했다. 그러나 이러한 낙관적인 기대는 현실의 기술적 한계에 부딪혔다. 1974년부터 1980년까지는 AI의 첫 번째 겨울로, 컴퓨터 성능과 하드웨어의 한계, 그리고 기대에 못 미치는 연구 성과로 인해 투자와 연구가 위축되었다.

이후 1980년대에는 전문가 시스템의 등장과 함께 실용적인 문제 해결에 초점을 맞추면서 AI 기술의 성장기가 도래했다. 전문가 시스템은 특정 분야의 인간 전문가 지식을 컴퓨터에 조직화하여 일반 사용자가 전문 지식을 활용할 수 있도록 하는 규칙 기반 시스템이었다. 하지만 전문가 시스템의 높은 유지 보수 비용과 지식 추출의 어려움으로 인해 1987년부터 1993년까지 두 번째 AI 겨울을 맞이했다.

1993년 이후 현재까지는 신경망, 머신러닝, 딥러닝, 그리고 최근의 생성형 AI의 발전이 AI 기술의 성숙기를 이끌고 있다. 특히 딥러닝은 인간 뇌의 신경망을 모방한 인공신경망 연구에서 비롯되었으며, 알파고가 바둑에서 인간을 이기고, 이미지 인식 분야에서 획기적인 성장을 이루는 등, 과거의 한계를 극복하며 AI의 새로운 시대를 열었다.

주요 선구자들의 기여

AI와 인지심리학의 발전에는 여러 핵심 인물들의 선구적인 기여가 있었다.

앨런 뉴얼(Allen Newell)

인지 AI의 개척자로, 그의 연구는 '마음의 본질은 무엇인가?'라는 근본적인 질문에서 시작되었다. 그는 허버트 A. 사이먼과 함께 인간의 문제 해결 능력을 모방한 초기 프로그램인 '로직 시어리스트(Logic Theorist)'와 '제너

럴 프로블럼 솔버(General Problem Solver)'를 개발했다. 뉴얼의 핵심 저서 《통합 인지 이론(Unified Theories of Cognition)》(1990)은 인지 시스템의 기초 구조를 설명하고 소어(SOAR) 모델을 제시했다. 소어는 지능적 에이전트가 모든 범위의 무제한적인 문제들을 해결하고, 절차적, 선언적, 일시적 지식 등 다양한 형태의 지식을 표현 및 사용하며, 외부 세계와 상호작용하고, 작업의 모든 측면에서 학습하는 것을 목표로 하는 범용 인지 구조다. 뉴얼과 사이먼은 AI의 시사점을 인지심리학자들에게 알리고, 인지심리학자의 함의를 AI 분야에 종사하는 사람들에게 가르치는 데 크게 기여했다.

허버트 사이먼(Herbert A. Simon)

앨런 뉴얼과 함께 AI의 선구자로 활동하며, '로직 시어리스트' 및 '제너럴 프로블럼 솔버' 개발에 참여했다. 그는 '제한적 합리성(bounded rationality)' 개념으로도 잘 알려져 있으며, 튜링상(1975)과 노벨 경제학상(1978)을 수상한 바 있다.

마빈 민스키(Marvin Minsky)

존 매카시와 함께 매사추세츠 공과대학교 컴퓨터과학

및 AI 연구실(MIT CSAIL, Massachusetts Institute of Technology Computer Science and Artificial Intelligence Laboratory)을 설립하여 AI 프로젝트를 시작했다. 1951년 딘 에드먼즈와 함께 최초의 인공 신경망 컴퓨터인 '스나크(SNARC, Stochastic Neural Analog Reinforcement Calculator)'를 개발했는데, 이는 시행착오를 통해 학습하는 신경망 기계였다. 민스키는 동료 시모어 페퍼트와 함께 저서 《퍼셉트론즈(Perceptrons)》(1969)에서 퍼셉트론의 한계[배타적 논리합(eXclusive OR, 즉 XOR) 문제]를 지적하며 'AI의 겨울'을 초래하는 데 기여하기도 했다. 그의 중요한 업적 중 하나는 심리학적 방법을 AI 연구에 접목한 "지적 활동의 프레임워크"(1974)이며, 대표 저서 《마음의 사회(The Society of Mind)》(1985)에서는 지능이 단일한 메커니즘의 산물이 아니라 다양한 '작용 요소'들의 관리된 상호작용에서 비롯된다는 이론을 제시했다.

노엄 촘스키(Noam Chomsky)

1950년대에 생성문법(Generative Grammar)을 제안하며, 언어가 단순히 단어를 나열하는 것이 아니라 규칙과 구조를 가지고 있다는 사실을 보여 주었다. 이 생각은 컴퓨터가 언어를 이해하고 처리하는 방법을 설계하는 데 중요한 토대가 되었다.

그는 기존의 행동주의 이론(자극-반응 학습)만으로는 언어 습득을 설명할 수 없다고 주장하고, 인간은 보편 문법(Universal Grammar)이라는 내재적인 규칙 체계를 가지고 있다고 보았다. 이 주장은 심리학과 인지 과학에서 인지 혁명(Cognitive Revolution)을 이끌었고, AI 연구가 단순한 패턴 인식에서 규칙 기반 지식 표현과 추론으로 확장되는 데 결정적 영향을 미쳤다.

촘스키의 언어 이론은 앨런 뉴얼과 허버트 사이먼 의 기호 처리 연구, 그리고 마빈 민스키의 지식 표현 방식과 연결된다. 초기 AI 언어 프로그램[예: 엘리자(ELIZA), 슈르들루(SHRDLU)]에서도 그의 문법 규칙 아이디어가 사용되었다. 그는 AI가 언어를 배울 때 단순 통계만으로는 부족하며, 언어의 구조적 제약을 이해해야 한다고 강조했다.

결국, 촘스키는 언어 구조에 대한 수학적 · 논리적 틀을 제공하고, 인지 과학과 AI 연구 방향에 영향을 주었으며, 언어 이해 AI의 규칙 기반 설계를 가능하게 한 이론적 기초를 마련했다.

기호주의 AI와 연결주의 AI의 대립과 발전

AI 연구는 크게 두 가지 주요 접근 방식, 즉 기호주의 AI와 연결주의 AI로 발전해 왔다.

기호주의 AI(Symbolic AI)

AI 연구 초기에 주류를 이루었던 접근 방식으로, 인간의 지능, 특히 추론과 문제 해결 능력을 기호와 규칙으로 모델링하려는 시도다. '고파이(GOFAI, Good Old-Fashioned AI)' 또는 '고전 AI'라고도 불린다. 이 방식은 하향식(Top-down) 접근 방식을 사용하며, 문제 해결 과정이 명시적인 규칙과 논리에 기반하므로 결과에 대한 설명이 용이하다는 장점이 있다. 전문가 시스템, 논리 프로그래밍 등이 대표적인 예시다. 고전적 AI의 추론 과정은 기호의 형식적인 관계, 즉 통사적 규칙에 의해 작동하며, 이는 의미와는 독립적으로 진행된다. 포더(Fodor)의 '사고언어 가설(Language of Thought Hypothesis)'은 인간 인지 체계가 내부적인 기호 언어를 통해 정보를 표상하고 처리한다는 가설로, 고전적 AI의 핵심 특성과 연결된다. 그러나 기호주의 AI는 현실 세계의 복잡성, 모호성, 불확실성을 완벽하게 표현하기 어렵고, 지식 획득 병목 현상 및 새로운 상황에 대한 유연성 부족의 단점이 지적

되었다. 현대에도 지식 그래프, 설명 가능한 AI(XAI) 등 특정 영역에서 중요한 역할을 한다.

연결주의 AI(Connectionist AI)

인간 뇌의 작동 방식에서 영감을 받아 인공 신경망을 기반으로 지능을 구현하려는 접근 방식이다. 상호 연결된 단순 처리 단위(노드 또는 뉴런)들의 네트워크를 사용하며, 원하는 출력값과 실제 출력값의 차이를 줄여 나가는 방식으로 가중치를 조정하여 학습한다. 이는 상향식(bottom-up) 접근 방식을 사용하여 여러 데이터에서 특징을 찾아내고 일반화하여 복잡한 지능적 행동이 창발하는 것을 목표로 한다. 현대 딥러닝은 연결주의 AI 철학에 기반한 가장 성공적인 사례로, 이미지 인식, 자연어 처리, 음성 인식 등 다양한 분야에서 혁신을 이끌었다. 단점으로는 의사결정 과정의 불투명성(블랙박스 문제)과 대규모 데이터 및 많은 연산 필요성이 있다.

하이브리드 접근(Hybrid Approaches)

기호주의와 연결주의 접근 방식의 장점을 결합하여 유연한 추론을 가능하게 하는 하이브리드 지식 표현 구조가 제안되고 있다. 이는 기호주의적 표현 체계의 경직성을 극복하고 인간의 기억 및 회상 메커니즘의 근본적인 특징인 개념 간의 유사성과 연관성을 이용하여 보다 유연한 추론을 수행하는 데 기여한다.

AI 연구 패러다임은 순환적 특성을 보인다. AI는 기호주의적 접근으로 시작했으나(다트머스 회의, 초기 선구자들), 한계에 부딪혀 AI 겨울을 겪었다. 이후 연결주의/신경망 접근 방식이 부상하며 현재의 딥러닝 시대를 열었다. 그러나 현대 연결주의 AI도 블랙박스 문제, 데이터 의존성 등의 한계에 직면해 있으며, 이를 해결하기 위해 하이브리드 모델이 제안되고 있다. 이는 AI의 역사가 선형적인 발전이 아니라, 다른 패러다임 간의 순환적인 탐색을 보여 준다는 것을 의미한다. 이러한 현상은 단일 접근 방식이 보편적으로 우월하지 않으며, 미래의 돌파구는 종종 새로운 기술과 결합된 과거 아이디어의 시너지적 통합에서 나올 수 있음을 시사한다.

인지심리학은 AI의 지속적인 영감원이자 검증의 장이다. 맥컬록과 피츠의 신경망은 뇌에서 영감을 받았고, 민스키의 스나크(SNARC)는 뇌 학습을 모델링하려는 초기 시도였다. 뉴얼과 사이먼은 명시적으로 인간의 문제 해결 과정을 모델링했다. 촘스키의 언어 이론은 인지심리학의 행동주의 탈피에 기여하며 AI의 언어 접근 방식에 간접적으로 영향을 미쳤다. 현대 딥러닝 모델(CNN, Convolutional Neural Network)은 시각 피질을 모방하고, 강화 학습은 행동심리학에 기반을 둔다. 구글의 타이탄 모델은 인간의 단기 및 장기 기억 체계를 명시적으로 모방하여 AI의 한계를 극복하려 한다. 인지심리학은 AI 개발에 근본적인 질문과 구체적인 아키텍처 및 알고리즘적 영감을 제공한다. 동시에 AI는 인지심리학자들이 인간 인지 이론을 계산적으로 검증하고 정교화할 수 있는 실험적 환경을 제공하는 상호 보완적인 관계를 형성한다.

참고문헌

Čapek, K.(1921) *R.U.R.(Rossum's Universal Robots).*

Fodor, J. A.(1975). *The Language of Thought.* Harvard University Press.

McCulloch, W. S. & Pitts, W.(1943). A Logical Calculus of the Ideas Immanent in Nervous Activity.

Minsky, M.(1974). A Framework for Representing Knowledge.

Minsky, M.(1985). *The Society of Mind.*

Minsky, M. & Papert, S.(1969). *Perceptrons.* MIT Press.

Newell, A.(1990). *Unified Theories of Cognition.* Harvard University Press.

Swift, J.(1726). *Gulliver's Travels.*

Torres y Quevedo, L.(1914). El Ajedrecista.
Turing, A. M.(1950). Computing Machinery and Intelligence.

04

인지심리학과 AI: 우리는 어떻게 생각할까?

인지심리학은 인간이 정보를 어떻게 인식하고 저장하며 활용하는지를 탐구하는 학문으로, AI와의 상호작용이 빈번해지는 지금, 이 두 영역 간의 접점은 매우 중요해지고 있다. 인간의 정보 처리, 기억, 문제 해결, 학습, 창의성 등 핵심 인지 기능에 영향을 미치는 방식은 점점 더 정교해지고 있으며, 이에 대한 이해는 단순한 기술 이해를 넘어 인간의 사고력과 자율성, 학습 주체성까지 좌우하게 된다.

청각장애인과 AI?

AI와 정보 처리 및 기억

AI 시스템은 방대한 양의 데이터를 빠르게 처리하고 분석하는 데 뛰어나다. AI는 복잡한 패턴을 식별하고 예측을 생성하며, 실시간 언어 번역이나 챗봇과의 대화에서 맥락을 유지하는 데 단기 기억과 유사한 기능을 사용한다. 또한 AI는 과거 데이터를 학습하여 장기 기억과 유사하게 지식을 축적하고 패턴을 인식한다.

AI가 정보를 필터링하고 개인화된 콘텐츠를 제공하면서, 인간은 정보에 접근하는 방식이 변화한다. 알고리즘은 사용자의 선호도에 맞춰 정보를 선별하여 제공하며, 이는 정보 과부하를 줄이는 데 도움이 될 수 있다. 그러나 동시에 사용자가 특정 관점이나 정보에만 노출되는 '필터 버블(filter bubble)'이나 '에코 챔버(eco chamber)' 현상을 심화해 다양한 정보에 대한 접근을 제한할 수도 있다. 이러한 환경은 정보의 비판적 평가 능력을 저해할 가능성이 있으며, 특히 AI 도구에 대한 의존도가 높아질수록 인간의 기억 과정에도 영향을 미칠 수 있다(Dergaa et al, 2025).

인지적 작업을 외부 도구에 위임하는 '인지적 부하 분산(cognitive offloading)'은 단기적으로는 정신적 부담을 줄여 주지만, 장기적으로는 기억력과 같은 인지 능력을 약화할 수 있다는 우려가 제기된다. AI가 정보를 즉시 제공함으로써 정보를 기억하고 인출하려는 노력이 줄어들고, 이는 기억력 발달에 부정적인 영향을 미칠 수 있다(Dergaa et al, 2025).

이러한 맥락에서, 일반 대중은 필터 버블과 에코 챔버 현상을 완전히 피할 수는 없지만, AI 리터러시를 바탕으로 일정 수준에서 이를 완화할 수 있다(Lo, 2024). 다양한 출처의 정보를 의도적으로 탐색하고, 알고리즘이 제공하는 콘텐츠를 비판적으로 수용하며, 주도적으로 정보를 검색하려는 태도는 필터링된 정보 환경을 벗어나는 데 도움을 줄 수 있다. 또한 자신의 정보 소비 방식과 AI 알고리즘의 작동 원리에 대한 이해는 인지적 자율성을 유지하고 비판적 사고를 가능하게 하는 중요한 전략이다.

AI가 문제를 해결하는 방법

AI는 복잡한 문제를 해결하고 분석적 추론을 지원하는 데 활용될 수 있다. AI 기반 도구는 연구 자료 요약, 아이디어 브레인스토밍, 데이터 분석 등 다양한 문제 해결 과정에서 인간을 돕는다. 특히 교육 환경에서 AI 튜터링 시스템이나 적응형 학습 플랫폼은 학생들의 개별적인 필요에 맞춰 맞춤형 지원과 즉각적인 피드백을 제공하여 문제 해결 능력 향상에 기여할 잠재력이 있다.

그러나 AI 도구에 대한 과도한 의존은 문제 해결에 필수적인 인지적 노력을 감소시킬 수 있다. AI가 신속하고 편리한 해결책을 제공할 때, 사용자는 문제 해결 과정을 스스로 탐색하고 분석하는 대신 AI 결과물을 수동적으로 받아들일 가능성이 높아진다(Dergaa et al, 2025). 이는 특히 발달 과정에 있는 청소년의 비판적 사고 및 독립적인 문제 해결 능력 발달을 저해할 수 있다. 젊은 사용자는 AI 도구에 대한 의존도가 높고 비판적 사고 점수가 낮은 경향을 보인다는 연구 결과도 있다(Guo et al, 2024).

AI를 문제 해결의 도구로 효과적으로 활용하려면, AI가 제공하는 정보나 해결책을 비판적으로 평가하고 검증하는 능력이 필수적이다. AI 리터러시는 AI의 한계, 잠재적 편향, 그리고 결과물의 정확성을 평가하는 능력을 포함하며, 이는 AI 기반 문제 해결 환경에서 중요한 역량이다(Pan et al, 2024).

AI와 학습 및 동기

AI는 개인 맞춤형 학습 경험을 제공함으로써 학습자의

동기와 자기 주도 학습 능력을 향상할 수 있다. AI 기반 학습 시스템은 학생의 학습 속도, 스타일, 강점 및 약점을 분석하여 맞춤형 콘텐츠와 활동을 추천한다. 이러한 개인화된 접근 방식은 학습자가 자신의 수준에 맞는 도전을 경험하고 즉각적인 피드백을 받도록 하여 학습에 대한 참여와 흥미를 높일 수 있다.

AI 튜터링 시스템은 학생들에게 개별화된 지도와 지원을 제공하며, 이는 학습 성과 향상으로 이어질 수 있다. AI는 반복적인 연습, 개념 설명, 질문 답변 등을 지원하여 교사가 학생들의 더 복잡한 학습 활동에 집중할 시간을 확보하도록 돕는다.

그러나 AI 기반 학습 시스템에 대한 과도한 의존은 학습자의 자기 주도 학습 능력 발달을 저해할 수 있다는 우려도 있다. AI가 학습 경로와 콘텐츠를 지나치게 통제할 경우, 학습자는 스스로 학습 목표를 설정하고, 자원을 찾고, 학습 과정을 계획하고 모니터링하는 기회를 잃을 수 있다. 또한 AI가 항상 정답을 제공하거나 오류를 수정해 줄 때, 학습자는 시행착오를 통해 배우고 실패로부터 회복하는 중요한 경험을 놓칠 수 있다.

학습 동기 측면에서, AI 기반 학습 환경이나 보상 시스템은 단기적인 참여를 유도할 수 있다. 그러나 이러한 외적 동기 부여가 내적 학습 동기를 약화하거나, 보상 없이는 학습 활동에 참여하지 않는 결과를 초래할 수도 있다.

AI, 비판적 사고 및 창의성

AI는 정보 검색 및 분석을 자동화하여 비판적 사고에 필요한 시간을 확보해 줄 수 있다는 긍정적인 측면이 있다. AI 도구를 사용하여 자료를 빠르게 요약하거나 관련 정보를 수집함으로써, 학습자는 정보의 의미를 분석하고 평가하는 데 더 많은 시간을 할애할 수 있다.

하지만 AI에 대한 과도한 의존은 비판적 사고 능력의 감소로 이어질 수 있다는 강력한 우려가 존재한다. AI가 정보와 해결책을 미리 처리하여 제공할 때, 사용자는 스스로 정보를 평가하고, 논증을 구성하며, 다양한 관점을 고려하는 연습을 덜 하게 된다. 이는 인지적 부하 분산의 직접적인 결과이며, 특히 인지 발달이 활발한 청소년에게 더 큰 영향을 미칠 수 있다. AI가 생성한 잘못된 정보나 편향된 콘텐츠를 비판적 평가 없이 받아들일 위험도 크다.

창의성 측면에서, AI는 아이디어 생성, 콘텐츠 초안 작성, 다양한 스타일 탐색 등을 지원하여 창의적인 과정을 촉진할 수 있다. AI 이미지 생성 도구나 음악 작곡 소프트웨어는 새로운 형태의 예술적 표현을 가능하게 한다.

그러나 AI가 창의적인 작업을 대신 수행할 때, 인간의 창의적 사고 과정 자체가 위축될 수 있다는 우려도 있다. AI가 빠르게 결과물을 생성하는 것을 보면서, 학습자는 스스로 시간과 노력을 들여 창의적인 아이디어를 탐색하고 발전시키려는 동기를 잃을 수 있다. 창의성은 종종 제약 조건 내에서 문제를 해결하거나 기존 아이디어를 새롭게 조합하는 과정에서 발달하는데, AI가 이러한 과정을 자동화하면 창의적 문제 해결 능력이 저하될 수 있다.

AI와 인지 발달의 복합적 상호작용

AI와 인간 인지 발달의 상호작용은 단순한 일방적 영향이 아니라 복합적이고 미묘한 과정이다. AI는 인지 능력을 향상하는 도구로 사용될 수도 있고, 반대로 인지적 의존성을 심화해 특정 능력을 약화할 수도 있다. 이러한 영향은 AI 기술의 종류, 사용 방식, 사용자의 연령 및 인지 발달 수준, 그리고 교육 및 사회 환경 등 다양한 요인에 따라 달라진다.

AI 리터러시는 이러한 복합적인 상호작용을 긍정적인

방향으로 이끌기 위한 핵심 역량이다. AI의 작동 방식, 기능, 한계, 그리고 윤리적 함의를 이해함으로써, 사용자는 AI를 도구로 효과적으로 활용하는 동시에 잠재적 위험을 인식하고 비판적으로 대응할 수 있다. AI 리터러시는 AI가 제공하는 정보와 결과물을 맹목적으로 수용하는 대신, 그 정확성, 편향성, 그리고 맥락을 평가하는 비판적 사고 능력을 함양하는 데 중점을 둔다.

궁극적으로 AI와 인지 발달의 관계는 AI를 어떻게 설계하고, 교육 시스템에 어떻게 통합하며, 개인이 AI와 어떻게 상호작용하도록 안내하는지에 달려 있다. AI를 인간의 인지 능력을 대체하는 것이 아니라 보완하고 확장하는 도구로 활용할 때, AI는 학습, 문제 해결, 창의성 발달에 긍정적으로 기여할 수 있다. 이를 위해서는 AI 기술 자체의 발전뿐만 아니라, AI 리터러시 교육 강화, 윤리적 AI 설계 원칙 적용, 그리고 AI 사용에 대한 비판적 성찰을 장려하는 사회적 노력이 필요하다.

결론적으로 인지심리학적 관점에서 볼 때, AI의 도입과 사용은 인간의 정보 처리, 기억, 문제 해결, 학습, 비판적 사고, 창의성 등 다양한 인지 기능에 복합적인 영향을 미친다. AI는 개인 맞춤형 학습 지원, 효율적인 정보 처리, 문제 해결 보조 등 긍정적인 잠재력을 가지고 있다. 그러나 AI에 대한 과도한 의존은 인지적 부하 분산, 비판적 사고 능력 저하, 창의성 위축, 그리고 잘못된 정보 및 편향 노출과 같은 부정적인 결과를 초래할 위험도 크다.

따라서 교육 시스템과 사회 전반에서 AI 리터러시 교육을 강화하고, AI를 인간의 인지 능력을 보완하는 도구로 활용하도록 안내하는 것이 중요하다. AI와 인간 인지 발달의 상호작용에 대한 지속적인 연구와 논의는 AI 중심 사회에서 인간의 인지적 건강과 발달을 보장하는 데 필수적이다.

참고문헌

Dergaa, I. et al.(2025). From tools to threats: a reflection on the impact of artificial-intelligence chatbots on cognitive health. *Frontiers in Psychology, 15.*

Guo, Q. et al.(2024). The effects of over-reliance on AI dialogue systems on students' critical and analytical thinking abilities: a mixed-methods study. *Smart Learning Environments, 11*(1), pp.1~22.

Lo, L. S.(2024). AI Literacy: A Guide for Academic Libraries. *College & Research Libraries News, 85*(1), pp.22~25.

Pan, T. et al.(2025). Enhancing the performance of neurosurgery medical question-answering systems using a multi-task knowledge graph-augmented answer generation model.

Frontiers in Psychology, 15.

05
AI는 우리 뇌처럼 생각할 수 있을까?

인지 모델링은 인간 마음의 기본적인 인지 및 지각 조작을 정의하는 것을 목표로 하며, 인간이 수행할 수 있는 모든 과제를 이러한 개별 조작의 연속으로 간주한다. 이는 지능의 특정 및 일반 속성에 대한 시뮬레이션과 실험적 규명을 수행하는 '계산 모형' 연구 방법론에 해당한다. AI 모델은 AI의 '가상 두뇌'로, 알고리즘과 데이터를 사용하여 구축되며, 경험으로부터 학습하여 예측하고 콘텐츠를 생성한다.

AI 콘텐츠 크리에이터?

기억 모델링(Memory Modeling)

현재의 대규모 언어 모델인 트랜스포머는 제한된 기억력(컨텍스트 윈도우)을 가지고 있어 이전 대화 내용을 '망각'하는 경향이 있다(Vaswani et al, 2017). 또한 매 단계마다 전체 컨텍스트를 다시 계산해야 하는 비효율성으로 인해 실시간 서비스에서 지연을 발생시킨다. 장기 기억 능력이 부재하여 중요한 정보와 일상적인 정보를 구분하지 못하고 시간 경과에 따른 정보의 중요도를 조절할 수 없다는 한계가 존재한다. 구글의 타이탄 모델은 인간의 기억 체계를 모사하여 단기 기억과 장기 기억을 분리하고, '서프라이즈 메트릭'과 같은 새로운 개념을 도입하여 예상치 못한 정보에 더 높은 가중치를 부여함으로써 이러한 한계를 극복하려 한다. AI 에이전트의 에피소드 기억(과거 특정 사건에 대한 기억) 구현은 AI의 능력을 강화할 수 있지만, 동시에 불필요한 지식 보존, 기억의 예측 불가능성 등의 위험을 초래할 수 있다. 액트알(ACT-R, Adaptive Control of Thought-Rational)의 선언적 기억 시스템은 팬 효과(fan effect), 초두 효과(primacy effect), 최신 효과(recency effect), 계열 회상(serial recall) 등 인간 기억의 다양한 현상을 모델링하는 데 사용되었다(Anderson & Lebiere, 1998).

추론 및 의사결정 모델링

인지 컴퓨팅 시스템은 인간 뇌에서 영감을 받은 인공 신경망을 기반으로 데이터를 학습하고 시간이 지남에 따라 성능을 개선한다(McCulloch & Pitts, 1943). 고전적 AI는 기호의 통사적 성질에 기반한 추론(연역, 귀납)을 강조하며, 이는 의미와는 독립적으로 진행된다(Newell & Simon, 1976). 포더(Fodor)의 '사고 언어 가설(Language of Thought Hypothesis)'은 인간 인지 체계가 내부적인 기호 언어를 통해 정보를 표상하고 처리한다는 가설로, 고전적 AI의 핵심 특성과 연결된다(Fodor, 1975). 하이브리드 접근 방식은 기호 시스템(구조화된 지식)과 연결주의 모델(의미론적 반영 및 유연한 추론)을 결합하여 기존 시스템의 경직성을 극복하고 보다 유연한 추론을 가능하게 한다(Sun & Alexandre, 1997). 인공 일반 지능(AGI, Artificial General Intelligence)은 단순한 데이터 처리를 넘어 복잡한 추론과 결정을 내릴 수 있어야 하며, 이를 위해 기호적 추론과 확률적 추론의 통합이 연구되고 있다(Goertzel, 2014). 카이스트 연구진은 '뇌처럼 생각하는 AI' 모델을 개발하여, 기존 AI가 과도한 확신을 보이는 '환각 현상'을 완화하고 인간처럼 스스로 가설을 세우고 검증하는 방식으로 행동 전략을 비대칭적으로 업데이트하는 적응형 강화 학습 이론을 제시했다.

자연어 처리 모델

자연어 처리는 기계가 인간의 언어를 이해하고 생성하는 능력을 개발하는 중요한 기술이며, 인공 일반 지능이 인간과 자연스럽게 소통하고 복잡한 언어 기반 작업을 수행하는 핵심 요소다(Jurafsky & Martin, 2009). 오픈에이아이(OpenAI)의 지피티(GPT) 시리즈는 텍스트 생성, 번역, 요약 등 고도의 언어 처리 작업을 수행하는 능력을 보여 주며 자연어 처리 분야에서 큰 진보를 이루었다(Brown et al, 2020; Radford et al, 2019). 딥러닝 모델, 특히 대규모 언어 모델은 현대 자연어 처리의 핵심 기술이다(Young et al, 2018). 연구 사례로는 시각 정보와 텍스트를 함께 사용하여 문법 학습을 개선하는 모델, 챗봇의 자연어 능력을 효율적으로 평가하는 도구, 인지심리학에서 영감을 받아 이야기 기반 데이터에서 지식과 상식을 추론하는 글루코스(GLUCOSE) 플랫폼 등이 있다. 언어 능력과 인지 능력의 상관관계에 대한 연구는 이들이 독립적이지 않고 상호작용한다는 관점을 제시한다(Chomsky, 1957).

AI 학습 방법론

AI는 방대한 양의 기존 데이터세트에 노출되어 '학습'하며 개선된다. 이는 인간이 기존 지식에서 학습하는 방식과 유사하다(Mitchell, 1997).

머신러닝(Machine Learning)

머신러닝은 데이터 과학자가 레이블이 지정된, 레이블이 지정되지 않은, 또는 혼합된 데이터로 알고리즘을 훈련하여 모델을 만드는 AI의 하위 집합이다(Alpaydin, 2020).

지도 학습(Supervised Learning)

가장 일반적인 유형으로, 인간이 만든 레이블이 붙은 데이터세트로 알고리즘이 훈련된다(Bishop, 2006). 예를 들어, 레이블이 지정된 꽃 이미지로 꽃을 식별하는 방법을 학습시키는 경우다.

비지도 학습(Unsupervised Learning)

레이블이 지정되지 않은 데이터(비정형 데이터)를 기반으로 패턴을 학습하는 머신러닝 모델이다. 최종 결과를 사전에 알 수 없으며, 알고리즘이 데이터에서 학습하여 속성을 기반으로 그룹으로 분류한다(Hastie et al, 2009).

준지도 학습(Semi-supervised Learning)

일부 데이터에만 레이블이 지정된 혼합 방식이다. 최종 결과를 알 수 있지만, 원하는 결과를 얻기 위해 알고리즘이 데이터를 구성하고 구조화하는 방법을 찾아야 한다(Zhu & Goldberg, 2009).

강화 학습(Reinforcement Learning)

'실행하여 학습'으로 설명할 수 있는 머신러닝 모델이다. '에이전트'는 성능이 원하는 범위 내에 있을 때까지 시행착오(피드백 루프)를 통해 정의된 태스크를 수행하는 방법을 학습하며, 잘 수행할 때 긍정적 강화를, 제대로 수행하지 않을 때 부정적 강화를 받는다(Sutton & Barto, 2018). 알파고의 학습 과정이 대표적인 예시다.

딥러닝

딥러닝은 텍스트, 이미지, 소리에서 복잡한 패턴을 식별하는 고급 머신러닝 유형이다. 데이터는 여러 계층을 거치며 처리 및 분류되며, 각 계층은 입력 데이터를 처리하는 역할을 한다(LeCun et al, 2015). 기본 신경망은 일반적으로 하나 또는 두 개의 숨겨진 레이어를 갖지만, 딥러닝 신경망은 수백 개를 가질 수 있다. 모든 레이어는 데이터를 다르게 분석하고 기본 머신러닝 방법으로는 불가능한 패턴을 식별할 수 있다.

인공 신경망(Artificial Neural Networks)

AI의 일반적인 학습 모델 유형으로, 인간의 뇌를 대략적으로 모방한 모델이다(Rosenblatt, 1958). 신경망은 데이터를 분류하고 분석하는 데 사용되는 컴퓨팅 노드인 인공 뉴런(퍼셉트론) 시스템이다.

순방향 신경망(FF, Feedforward Neural Networks)

가장 오래된 형태의 신경망 중 하나로, 데이터는 출력이 달성될 때까지 인공 뉴런층을 통해 한 방향으로 흐른다(Rumelhart et al, 1986).

순환 신경망(RNN, Recurrent Neural Networks)

주로 시계열 데이터 또는 시퀀스와 관련된 데이터를 사용하며, 네트워크의 각 노드에서 가중치를 사용하는 순방향 신경망과 달리, 순환 신경망은 현재 레이어 출력에 따라 이전 레이어에서 발생한 일을 기억한다(Elman,

1990).

장단기 기억(LSTM, Long Short-Term Memory)
메모리를 사용하여 이전 레이어에서 발생한 일을 '기억'할 수 있는 고급 순환 신경망 형태다. 주로 음성 인식과 예측에 사용된다(Hochreiter & Schmidhuber, 1997).

컨볼루셔널 신경망(CNN, Convolutional Neural Networks)
최신 AI에서 가장 일반적으로 사용되는 신경망 중 일부를 포함한다. 주로 이미지 인식에 사용되며, 이미지의 다른 부분을 필터링하여 복잡한 특징을 찾는다(LeCun et al, 1998).

생성적 적대 신경망(GAN, Generative Adversarial Networks)
신경망 두 개가 서로 경쟁하여 최종적으로 출력 정확성을 향상하는 게임에서 작동한다. 한 네트워크(생성기)는 다른 네트워크(분류자)에서 참 또는 거짓을 증명하려고 시도하는 예시를 만든다(Goodfellow et al, 2014).

AI 기반 인지 모델링의 실제 응용 사례

AI 기반 인지 모델링은 다양한 분야에서 실제적인 응용 사례를 보여 주고 있다.

의료 분야

AI는 질병 진단, 새로운 치료법 개발, 환자 치료 관리에 도움을 줄 수 있다(Topol, 2019). 구글의 딥마인드(DeepMind)는 유방암 진단에서 인간 전문가보다 높은 정확도를 보이는 모델을 개발하여 더 빠르고 정확한 진단을 가능하게 했다. 파킨슨병의 신경염증 조절에 알엔에이(RNA) 편집이 중요한 역할을 한다는 사실을 밝혀낸 연구와 같은 뇌 인지 과학 연구에도 AI가 활용된다.

금융 분야

AI는 사기 감지, 위험 관리, 투자 결정에 도움을 준다(Chen et al, 2019). 예를 들어, 은행은 인지 컴퓨팅 시스템을 사용하여 재무 데이터를 분석하고 잠재적인 투자 기회를 파악할 수 있다.

제조 분야

생산 공정 최적화, 유지 보수 필요성 예측, 재고 관리에 사용될 수 있다(Wang et al, 2018). 아마존은 자율주행 로봇 프로테우스(Proteus)와 휴머노이드 디짓(Digit)을 물류 센터에 배치하여 인간 작업자를 돕고 있다.

교육 분야

AI 기반 학습 플랫폼은 개인별 학습 스타일에 따라 맞춤형 교육을 제공하여 학습 효과를 극대화한다(Baker & Inventado, 2014). 액트알(ACT-R) 모델은 지능형 교육 시스템(Intelligent Tutoring System)의 기반으로 활용되어 학생의 행동을 모방하고 맞춤형 지시 및 커리큘럼을 제공한다.

예술 및 창작

AI가 생성하는 예술, 음악, 글쓰기 도구는 인간 창작자들에게 새로운 영감을 제공하고 창의적인 과정을 촉진한다(Cope, 2006). 카이스트 연구진은 음악 창작을 돕는 작곡 AI 동료 '어뮤즈'를 개발하여 텍스트, 이미지, 오디오와 같은 다양한 형식의 영감을 화성 구조로 변환한다.

자율 시스템

자율주행 자동차에서 컴퓨터 비전은 실시간으로 주변을

인식하고 해석하여 안전한 운전 결정을 내리는 데 사용된다(Geiger et al, 2012). 보스턴 다이내믹스의 로봇들은 복잡한 환경에서의 이동 능력과 물체 조작 능력을 보여 주며, 일반 인공 지능이 실제 세계에서 유용하게 활용될 가능성을 제시한다.

참고문헌

Alpaydin, E.(2020). *Machine learning: The new AI.* MIT Press.

Anderson, J. R. & Lebiere, C.(1998). The atomic components of thought. Lawrence Erlbaum Associates.

Baker, R. S. & Inventado, P. S.(2014). Educational data mining and learning analytics. In J. A. Larusson & B. White(Eds.), *Learning analytics: From research to practice*(pp.61~75). Springer.

Bishop, C. M.(2006). *Pattern recognition and machine learning.* Springer.

Brown, T. B. et al.(2020). Language models are few-shot learners. *Advances in Neural Information Processing Systems, 33,* pp.1877~1901.

Chen, Y. et al.(2019). Artificial intelligence in financial services: A review. *Journal of Financial Data Science, 1*(2), pp.1~17.

Chomsky, N.(1957). *Syntactic structures.* Mouton & Co.

Cope, D.(2006). *Computer models of musical creativity.* MIT Press.

Elman, J. L.(1990). Finding structure in time. *Cognitive Science, 14*(2), pp.179~211.

Fodor, J. A.(1975). *The language of thought.* Harvard University Press.

Geiger, A. et al.(2012). Are we ready for autonomous driving? The KITTI vision benchmark suite. *Proceedings of the IEEE Conference on Computer Vision and Pattern Recognition(CVPR),* pp.3354~3361.

Goertzel, B.(2014). Artificial general intelligence: Concept, state of the art, and future prospects. *Journal of Artificial General Intelligence, 5*(1), pp.1~48.

Goodfellow, I. et al.(2014). Generative adversarial nets. *Advances in Neural Information Processing Systems, 27.*

Hastie, T. et al.(2009). *The elements of statistical learning: Data mining, inference, and prediction*(2nd ed.). Springer.

Hochreiter, S. & Schmidhuber, J.(1997). Long short-term memory. *Neural Computation, 9*(8), pp.1735~1780.

Jurafsky, D. & Martin, J. H.(2009). *Speech and language processing: An introduction to natural language processing, computational linguistics, and speech recognition*(2nd ed.). Prentice Hall.

LeCun, Y. et al.(2015). Deep learning. *Nature, 521*(7553), pp.436~444.

LeCun, Y. et al.(1998). Gradient-based learning applied to document recognition. *Proceedings of the IEEE, 86*(11), pp.2278~2324.

McCulloch, W. S. & Pitts, W.(1943). A logical calculus of the ideas immanent in nervous activity. *Bulletin of Mathematical Biophysics, 5*(4), pp.115~133.

Mitchell, T. M.(1997). *Machine learning.* McGraw-Hill.

Newell, A. & Simon, H. A.(1976). Computer science as empirical inquiry: Symbols and search. *Communications of the ACM, 19*(3), pp.113~126.

Radford, A. et al.(2019). Language models are unsupervised multitask learners. OpenAI.

Rosenblatt, F.(1958). The perceptron: A probabilistic model for information storage and organization in the brain. *Psychological Review, 65*(6), pp.386~408.

Rumelhart, D. E. et al(1986). Learning representations by back-propagating errors. *Nature, 323*(6088), pp.533~536.

Sun, R. & Alexandre, F.(Eds.).(1997). *Connectionist-symbolic integration: From unified to hybrid approaches.* Lawrence Erlbaum Associates.

Sutton, R. S. & Barto, A. G.(2018). *Reinforcement learning: An introduction*(2nd ed.). MIT Press.

Topol, E. J.(2019). *Deep medicine: How artificial intelligence can make healthcare human again.* Basic Books.

Vaswani, A. et al.(2017). Attention is all you need. *Advances in Neural Information Processing Systems, 30.*

Wang, L. et al.(2018). Artificial intelligence in manufacturing. *International Journal of Production Research, 56*(5), pp.1667~1672.

Young, T. et al.(2018). Recent trends in deep learning based natural language processing. *IEEE Computational Intelligence Magazine, 13*(3), pp.55~75.

Zhu, X. & Goldberg, A. B.(2009). *Introduction to semi-supervised learning.* Morgan & Claypool Publishers.

06
AI와 함께 자라는 아이들, 괜찮을까?

디지털 환경에서 태어나고 자란 청소년들이 AI 기술에 자연스럽게 노출되지만, 이들이 AI를 이해하고 활용하는 방식에는 차이가 있을 수 있다. 청소년들은 스마트폰, 소셜 미디어, 온라인 게임 등 일상생활에서 AI 기반의 추천 시스템과 상호작용하며 성장하지만, AI의 복잡한 작동 원리나 사회적 영향을 깊이 이해하기에는 인지적 한계가 존재할 수 있다.

AI와 민주주의?

청소년의 인지 발달과 AI의 상호작용

심리학적 관점에서 볼 때, 청소년기는 아동기와 성인기의 중간 단계로서 인지 기능이 활발하게 발달하는 시기다. 이 시기에는 추상적 사고, 논리적 추론, 비판적 판단, 미래 계획 능력 등 고차원적인 인지 기능이 크게 성장한다(Piaget, 1972). 특히 전두엽의 발달은 의사결정, 충동 제어, 문제 해결 능력과 깊이 연관되어 있다(Casey et al, 2008). 그러나 청소년의 뇌는 아직 완전히 성숙한 상태가 아니기에, 정보 처리 방식이나 판단 과정에서 성인과는 다른 특성을 보인다. 이러한 인지적 발달 단계는 AI 기술과 청소년의 상호작용 방식에 중요한 영향을 미친다.

AI 기술, 특히 생성형 AI나 복잡한 추천 알고리즘은 그 작동 원리가 불투명한 '블랙박스'와 같은 특성을 지닌다(Burrell, 2016). AI가 어떤 결론에 도달했는지 그 과정을 명확하게 설명하기 어려운 경우가 많다는 의미다. 이러한 AI의 복잡성과 불투명성은 인지 발달 단계에 있는 청소년들에게 인지적 오해나 왜곡을 초래할 수 있다. 이러한 인지적 오해와 왜곡은 다음과 같이 나타날 수 있다.

첫째, AI에 대한 과도한 신뢰와 권위 부여다. 청소년들은 AI가 제공하는 정보나 추천을 절대적으로 정확하고 중립적인 것으로 받아들이는 경향을 보일 수 있다. AI의 답변을 검색 결과의 최상단이나 심지어 교사나 부모의 의견보다 더 신뢰하는 현상이 나타나기도 한다. 이는 AI가 제시하는 정보의 배경, 의도, 한계를 비판적으로 탐색하는 능력을 저해하며, 스스로 정보의 신뢰성을 판단하려는 노력을 줄일 수 있다.

둘째, 정보 처리 방식의 변화와 인지적 효율성 저하다. AI는 방대한 정보를 요약하거나, 복잡한 질문에 대해 즉각적인 답을 제공한다. 이러한 편리함은 청소년들이 깊이 있는 정보 탐색이나 문제 해결 과정을 직접 수행하기보다 AI에 의존하게 만들 수 있다. 예를 들어, 특정 주제에 대해 AI가 정리해 준 요약 정보에 만족하고 더 이상 탐구하지 않거나, 복잡한 계산 과정을 AI에 전적으로 맡겨 버리는 경우다. 이는 정보를 단순히 습득하는 것을 넘어, 정보를 분석하고, 통합하며, 새로운 지식을 생성하는 심층적인 인지 과정을 방해할 수 있다(Carr, 2010). 즉각적인 정보 접근성이 오히려 인지적 노력을 줄여 학습 효율성을 장기적으로 저하할 위험이 있다.

셋째, 메타 인지 능력 발달의 저해다. 메타 인지는 자신의 인지 과정을 성찰하고 조절하는 능력, 즉 '생각하는 방식에 대해 생각하는 능력'이다. AI에 지나치게 의존하면 청소년들은 자신이 무엇을 알고 무엇을 모르는지, 어떤 방식으로 학습하는 것이 효과적인지 등을 스스로 성찰할 기회를 잃을 수 있다. AI가 학습 과정을 지나치게 제어하거나 최적화해 줄 때, 학생들이 자신의 학습 전략을 개발하고 평가하는 메타 인지 능력이 덜 발달할 가능성이 생긴다.

넷째, 확증 편향의 심화다. AI 기반 추천 시스템은 사용자 데이터를 기반으로 개인화된 콘텐츠를 지속적으로 제공한다. 청소년들은 자신에게 맞는 정보만을 접하게 되어 사고의 폭이 좁아지고, 이미 가지고 있는 신념을 강화하는 확증 편향이 심화될 위험이 있다(Pariser, 2011). 이는 다양한 관점을 수용하고 비판적으로 사고하는 인지적 유연성을 저해할 수 있다.

발달심리학적 배경에서 청소년 사용자 이해하기

청소년기의 AI 수용 및 활용 방식은 단순한 기술 노출로 설명하기 어렵다. 이것을 발달심리학적으로 중요한 전환점에 있는 이들이 어떤 인지적 특성과 발달 단계를 거치는지를 이해해야 설명이 가능하다.

인지 발달 단계와 정보 처리

피아제(Jean Piaget)의 인지 발달 이론에 따르면, 청소년기는 형식적 조작기(formal operational stage)에 해당하며, 약 11세 이후부터 추상적 사고와 가설-연역적 사고가 가능해지는 시기다(Piaget, 1972). 이 시기에 논리적 문제 해결 능력이 성장하지만, 실제로는 모든 청소년이 이 단계의 인지 능력을 동시에 획득하지는 않는다.

또한 전두엽의 발달은 청소년기 후반에서 성인 초기까지 지속되며, 충동 억제, 판단력, 계획 수립 등 고차원적 인지 기능과 밀접한 연관이 있다(Casey et al, 2008). 이로 인해 청소년은 정보의 맥락을 파악하거나 장기적인 결과를 고려하는 능력이 부족할 수 있고, 이는 AI가 제공하는 정보에 대해 비판적으로 분석하기보다 즉각적으로 수용하는 경향으로 나타날 수 있다.

청소년들이 AI와 상호작용할 때 나타나는 심리적 경향은 단순히 인지 발달만으로는 설명이 어렵고, 인간-기계 상호작용(HCI, Human-Computer Interaction)에 대한 사회심리적 이론이 중요한 시사점을 제공한다. 그중에서도 카사(CASA, Computer As Social Actor) 이론은 컴퓨터나 AI 시스템이 인간과 유사한 방식으로 반응할 때, 사용자들이 이를 실제 사회적 존재처럼 인식하고 대응한다고 한다(Reeves & Nass, 1996).

카사 이론과 청소년의 AI 수용

카사 이론에 따르면 사람들은 AI나 컴퓨터가 사회적 단서를 제공하면 – 예컨대 음성, 감정적 언어, 개인화된 반응 등 – 이를 인간처럼 대우하며 사회적 규범에 따라 상호작용하게 된다. 이는 청소년에게 더욱 강하게 작용할 수 있는데, 그 이유는 다음과 같다.

사회적 민감성 증가

청소년기는 또래 관계와 사회적 인정을 중요하게 여기는 시기로, 감정적 소통과 사회적 신호에 민감하게 반응하는 경향이 있다. 따라서 AI가 감정적 피드백을 제공하거나 자신을 이해해 주는 것처럼 보일 때, 이를 단순한 도구가 아닌 '사회적 존재'로 인식할 가능성이 크다.

감정적 의존과 신뢰 형성

감정적으로 반응하는 AI, 예를 들어 친근한 말투의 챗봇이나 공감적인 언어를 사용하는 학습 도우미는 청소년들에게 정서적 안정감을 제공할 수 있으며, 이는 AI에 대한 신뢰를 강화하고 의존성을 높이는 요인이 된다. 카사 이론에 따르면 이는 AI를 단순한 정보 제공자가 아닌 정서적 파트너로 오해하게 만들 수 있다.

비판적 거리 두기의 어려움

카사 효과가 나타나면, 사용자는 기계가 제공하는 정보를 더 신뢰하게 되며, 그 결과 정보의 출처나 신뢰성에 대해 비판적으로 사고하지 않게 되는 문제가 발생한다. 청소년은 원래부터 비판적 사고 능력이 성인에 비해 미숙할 수 있는데, 여기에 AI가 사회적 존재처럼 작동하면 이러한 비판적 거리두기가 더욱 어려워질 수 있다.

카사 이론은 청소년이 AI를 단순한 도구로 인식하기보다는, 마치 인간처럼 반응하고 판단하는 존재로 인식할 가능성을 보여 준다. 이는 AI 리터러시 교육에서 중요한 고려 요소가 된다. 청소년들이 AI의 사회적 행동을 인간과 동일시하지 않도록 지도하고, 기계적 알고리즘의 본질과 한계를 명확히 인식하게 하는 교육이 필요하다.

청소년이 감정적으로 AI와 유대감을 형성하거나, AI가 제시하는 정보에 과도하게 신뢰를 부여하는 것을 방지하려면, 카사 효과를 의식적으로 인식하고 비판적으로 해석하는 훈련이 필요하다. 이는 단지 기술적 지식뿐만 아니라 사회심리학적 통찰을 포함한 포괄적인 AI 리터러시로 이어져야 한다.

사회 인지 발달과 권위 수용

청소년기는 또래 집단의 영향을 강하게 받으며, 외부 권위자(교사, 부모 등)에 대한 거리 두기를 시도하는 시기다. 이러한 시기에 감정 없이 정보를 제공하는 AI는 중립적이고 객관적인 존재로 인식되기 쉬우며, 청소년들이 AI를 인간보다 더 신뢰할 수 있다(Teachertoolkit, 2025). 이는 AI의 한계와 편향성을 인지하지 못한 채 정보를 무비판적으로 수용하게 만드는 요인이 된다.

거울 뉴런과 AI에 대한 인식: 청소년의 뇌 발달과 사회적 학습

거울 뉴런은 인간이 타인의 행동을 관찰할 때 마치 자신이 그 행동을 하는 것처럼 뇌가 활성화되는 신경세포로, 타인의 의도 파악, 공감, 모방 학습 등의 핵심적 역할을 한다(Rizzolatti & Craighero, 2004). 이러한 시스템은 청소년기에 특히 활발하게 작동하며, 사회적 학습과 타인의 감정 이해, 자기 동일시 과정과 깊은 관련이 있다.

이와 관련해 흥미로운 가설은, 청소년들이 AI의 언어,

행동, 감정 표현을 관찰하고 해석하는 방식이 인간 상호작용과 유사한 방식으로 진행된다는 것이다. 즉 AI가 보여 주는 '사람 같은' 언어적·비언어적 피드백을 거울 뉴런 시스템이 사회적 존재로 오인하고 모방하거나 동일시할 가능성이 존재한다는 점이다.

거울 뉴런과 AI에 대한 인간화

청소년은 사회적 피드백에 매우 민감하며, 거울 뉴런 시스템을 통해 관찰된 행동의 의도나 감정을 해석하고 내면화하려 한다. 따라서 AI가 정서적 언어를 사용하거나 인간처럼 반응하는 경우, 청소년은 이를 실제 인간과 유사한 존재로 인식할 수 있다. 이는 카사 이론과 결합될 때 더욱 강화되며, 청소년이 AI의 사고방식이나 반응을 모방하거나, AI의 관점을 자신의 것으로 내면화하려는 경향으로 이어질 수 있다.

예를 들어, 학습 도우미 AI가 특정 문제 해결 방식을 반복해서 제공하면, 청소년은 그 방식을 '정답'으로 인식하고 자신의 사고방식을 그에 맞춰 조정할 수 있다. 이는 일종의 인지적 동조(cognitive alignment)로, 인간 교사의 영향력을 모방하는 과정과 유사하다.

이러한 점에서, 청소년이 AI를 통해 '생각하는 방식'을 학습할 가능성을 진지하게 고려해야 한다. AI의 피드백이 단순한 정보 전달을 넘어, 사고 습관, 문제 해결 방식, 감정적 반응 방식까지 모방의 대상이 될 수 있다는 점에서 교육자는 더욱 신중해야 한다.

결국 청소년에게 AI의 '사람 같은 행동'이 실제로는 알고리즘에 기반한 계산임을 인지시키고, 그것이 비판적 수용의 대상이라는 점을 강조하는 AI 리터러시 교육이 필수적이다. 이때 단순한 기술 지식 교육을 넘어서, 뇌 발달, 감정 인지, 사회적 학습에 대한 심리학적 통찰을 함께 제공해야 한다.

메타 인지 능력과 학습 전략

플라벨(Flavell, 1979)은 메타 인지를 '자신의 사고를 점검하고 조절하는 능력'으로 정의하며, 이는 학습의 질을 좌우하는 핵심 요소다. 청소년기에는 메타 인지 능력이 본격적으로 발달하며, 다양한 학습 전략의 시도와 실패를 통한 피드백이 이를 촉진한다. 그러나 AI가 '정답'을 즉각적으로 제공하고 학습 경로를 최적화할 경우, 학생은 스스로 사고하거나 학습 전략을 선택하는 기회를 잃을 수 있으며, 이는 메타 인지 발달을 저해하는 요인으로 작용한다.

더 나아가, 청소년은 아직 자기통제(self-regulation)와 인지적 유연성(cognitive flexibility)이 완전히 성숙되지 않은 시기이기 때문에, 자기 주도적 학습 전략을 계획하고 조정하는 능력이 불안정할 수 있다(Zelazo & Carlson, 2012). AI가 학습 경로를 제시할 때, 청소년은 이를 따르며 효율적이라고 느끼는 동시에, 스스로 학습 목표를 설정하고 반성하는 기회를 잃게 되어, 장기적으로 학습에 대한 자기 효능감(self-efficacy)을 약화할 가능성이 존재한다.

확증 편향과 인지적 유연성

청소년은 자아정체성을 형성하고 개인적 신념 체계를 구축하는 과정에 있으며, 이 시기의 정보 수용 방식은 기존 신념에 부합하는 내용을 선호하는 경향을 보인다. AI 추천 알고리즘은 사용자 데이터를 바탕으로 개인화된 콘텐츠를 제공하며, 이는 확증 편향을 강화하고 사고의 유연성을 저해할 수 있다(Pariser, 2011). 다양한 관점을 수용하고 비판적으로 사고할 수 있는 기회가 줄어들며, 이는 인지 발달에 부정적인 영향을 미칠 수 있다.

이러한 경향은 청소년의 자기중심적 사고(egocentric thinking)와도 관련이 있다. 엘카인드(Elkind, 1967)는 청소년이 '상상의 청중(imaginary audience)'과 '개인적 우화(personal fable)'를 통해 자신과 세계를 해석한다고 보았으며, 이는 자신의 관점을 중심으로 세상을 이해하는 인지적 편향을 강화할 수 있다. 이러한 특성은 AI가 제공하는 정보가 자신의 세계관과 일치할 때 더욱 강화되어, 다양한 정보 출처나 반대 의견을 접할 기회를 줄이고, 결국 인지적 유연성 발달을 저해할 수 있다.

AI 활용을 위한 필수적인 준비 사항

AI 기술을 효과적으로 활용하고 잠재적인 위험으로부터 자신을 보호하기 위해 청소년들이 갖추어야 할 필수적인 준비 사항이 있다. 이 책은 다음의 세 가지 핵심 역량을 강조한다.

첫째, 비판적 사고 능력이다. AI가 생성하는 정보나 추천 시스템의 결과를 무조건적으로 수용하기보다는, 그 내용의 정확성, 논리성, 그리고 잠재적 편향성을 비판적으로 검토하는 능력이 필수적이다. AI가 완벽하지 않으며, 학습 데이터의 한계나 알고리즘 설계의 오류로 인해 잘못된 정보를 제공할 수 있음을 인지하는 것이 중요하다. 이는 정보의 사실 여부를 넘어, 정보가 어떤 의도나 맥락에서 제공되는지 질문하는 고차원적 사고를 포함한다.

둘째, 정보 평가 능력이다. AI 시대에는 정보의 양이 폭발적으로 증가하며, 진짜와 가짜 정보가 뒤섞여 유통된다. 청소년들은 AI가 제공하는 정보의 출처를 확인하고, 다양한 관점에서 정보를 비교하며, 정보의 신뢰성과 타당성을 객관적으로 평가하는 능력을 길러야 한다. 특히 AI가 제공하는 정보가 특정 편향을 가지고 있을 수 있음을 인식하고, 여러 출처를 통해 교차 검증하는 습관을 들이는 것이 중요하다.

셋째, 윤리적 판단 능력이다. AI 기술은 데이터 프라이버시 침해, 알고리즘 편향, 책임 소재 불분명 등 다양한 윤리적 문제를 야기할 수 있다. 청소년들은 이러한 윤리적 쟁점들을 이해하고, AI 기술을 사용할 때 발생할 수 있는 윤리적 딜레마 상황에서 책임감 있는 판단을 내릴 수 있는 능력을 함양해야 한다(Floridi et al, 2018). 자신의 행동이 다른 사람이나 사회에 미칠 영향을 고려하며, AI를 통해 정보 생성이나 확산에 관여할 때 발생할 수 있는 윤리적 함의를 인지하는 것이 중요하다.

청소년들이 AI 기술을 사용할 때 특히 유의해야 할 점과 잠재적인 위험 요소가 있다. AI의 정보 제공 방식이 항상 정확하거나 중립적이지 않다는 점을 명확히 인식해야 한다. AI는 학습 데이터에 기반하므로, 학습 데이터에 편향이 있다면 AI의 결과물도 편향될 수 있다(O'Neil, 2016). 또한 AI 챗봇과의 상호작용에서 너무 깊은 감정적 유대감을 형성하거나, AI에 지나치게 의존하여 대인 관계 기술이 저해될 위험도 있다. AI가 제공하는 맞춤형 콘텐츠가 오히려 정보의 '필터 버블'에 갇히게 하여 다양한 관점과의 접촉을 차단할 수도 있다.

이러한 위험 요소들을 인지하고 AI를 안전하고 책임감 있게 사용할 수 있는 기반을 마련하는 것이 바로 AI 리터러시의 핵심이라고 강조하고자 한다. AI 리터러시는 청소년들이 AI의 복잡한 세계를 탐색하고, 기술의 잠재력을 최대한 활용하면서도 그 위험을 현명하게 관리할 수 있도록 돕는 필수적인 역량이다. 단순히 기술을 사용하는 방법을 아는 것을 넘어, AI의 작동 원리, 윤리적 함의, 사회적 영향 등을 종합적으로 이해하는 것이 AI 시대 청소년에게 요구되는 새로운 인지적 요구 사항이다.

참고문헌

Burrell, J.(2016). How the machine 'thinks': Understanding opacity in machine learning algorithms. *Big Data & Society, 3*(1), 2053951715622512.

Carr, N.(2010). *The Shallows: What the Internet Is Doing to Our*

Brains. W. W. Norton & Company.

Casey, B. J. et al.(2008). The adolescent brain. *Developmental Review, 28*(1), pp.62～77.

Elkind, D.(1967). Egocentrism in adolescence. *Child Development, 38*(4), pp.1025～1034.

Flavell, J. H.(1979). Metacognition and cognitive monitoring: A new area of cognitive-developmental inquiry. *American Psychologist, 34*(10), pp.906～911.

Floridi, L. et al.(2018). AI4People—Ethical guidelines for a desirable AI. *Nature Machine Intelligence, 1*(9), pp.389～399.

O'Neil, C.(2016). *Weapons of Math Destruction: How Big Data Increases Inequality and Threatens Democracy.* Crown.

Pariser, E.(2011). *The Filter Bubble: What the Internet is Hiding from You.* Penguin Press.

Piaget, J.(1972). *The Psychology of Intelligence.* Littlefield Adams.

Reeves, B. & Nass, C.(1996). *The Media Equation: How People Treat Computers, Television, and New Media Like Real People and Places.* Cambridge University Press.

Rizzolatti, G. & Craighero, L.(2004). The mirror-neuron system. *Annual Review of Neuroscience, 27,* pp.169～192.

Teachertoolkit.(2025). The Adolescent Brain: How Teenagers Learn and Think.

Zelazo, P. D. & Carlson, S. M.(2012). Hot and cool executive function in childhood and adolescence: Development and plasticity. *Child Development Perspectives, 6*(4), pp.354～360.

07
AI에 빠진 10대, 뇌는 어떻게 변할까?

AI는 개인화 추천 시스템과 가상 비서부터 의료, 운송에 이르기까지 일상에 깊숙이 통합되어 있다. 청소년은 이러한 AI 환경에서 자라며, 디지털 기술에 민감하고 기술 수용이 빠른 사용자인 동시에, 인지와 정서가 발달 중인 취약한 시기를 겪고 있다. AI는 학습 효율성과 창의성 향상 등의 긍정적 가능성을 제공하지만, 무분별하거나 비판 없이 사용하는 경우 부정적 결과를 유발할 수 있다.

AI와 애니메이션?

청소년 발달에 대한 AI의 영향력 부각

AI는 음성 비서, 소셜 미디어 추천 시스템, 번역기, 생성형 AI 등 다양한 형태로 청소년 일상에 깊이 자리 잡고 있으며, 이들은 이를 자각하지 못한 채 빈번히 사용 중이다(Digital Promise, 2025). 설문조사에 따르면 많은 청소년이 하루에도 여러 번 AI와 상호작용하고 있다(Global X ETFs, 2025).

청소년은 대체로 AI에 긍정적인 인식을 가지며, 편리하고 창의적 작업을 돕는 도구로 본다. 동시에 개인 정보 유출, 딥페이크, 일자리 대체 등의 위험성에 대해 우려하는 시각도 함께 존재한다(Booth, 2025). 이에 따라 책임감 있는 AI 사용을 위한 교육의 필요성이 제기된다.

'무분별한 사용'은 다음과 같이 정의할 수 있다.

- 인지적 노력이 필요한 과제에 AI를 과도하게 의존함
- AI가 큐레이션한 콘텐츠를 비판 없이 수동적으로 소비함
- 민감한 개인 문제에 AI를 제한이나 위험 인식 없이 사용함
- 장시간 AI 플랫폼과 상호작용함
- 알고리즘에 따른 데이터 수집과 개인 정보 보호의 한

계를 인식하지 못함

- 유해 콘텐츠나 상호작용에 AI를 통해 노출됨

인지 발달에 미치는 영향

청소년이 AI 도구를 자주 사용할수록 인지적 부하 분산이 증가하고, 비판적 사고 능력이 저하되는 경향이 있다(Sun & Gao, 2023). 인지적 부하 분산은 작업 수행 시 필요한 정신적 노력을 AI 같은 외부 도구에 의존함으로써 발생한다. 이는 생산성과 편리성에는 도움이 되지만, 문제 해결과 정보 평가 능력을 약화한다.

AI에 의존하게 되면 정보 분석, 추론, 창의적 사고와 같은 고차원적 인지 과정이 덜 사용되며, 이는 전전두엽 발달이 진행 중인 청소년의 뇌에 부정적 영향을 줄 수 있다(Casey et al, 2008). 특히 17세에서 25세 사이의 청소년은 AI 사용 빈도가 높고 비판적 사고 점수가 낮은 경향이 있다(Sun & Gao, 2023).

또한 소셜 미디어 기반의 AI 콘텐츠는 짧고 자극적인 형식을 통해 즉각적인 만족을 추구하도록 사용자를 변화시킨다. 이는 지속적인 주의와 인지적 몰입을 요구하는 활동에서 집중력을 유지하는 능력을 저해할 수 있다(Pariser, 2011).

정서 발달에 미치는 영향

AI 기반 플랫폼은 스크린 타임을 증가시켜 청소년의 스트레스, 불안, 우울증 등 정신 건강 문제를 유발 할 수 있다(Digital Wellness Lab, 2023). 또한 AI가 생성한 딥페이크 콘텐츠는 현실감 있는 잘못된 정보를 통해 감정적 혼란을 유발할 수 있으며, 사회적 비교와 자존감 저하로 이어질 수 있다(Xu, 2024).

더 나아가 AI 챗봇이나 가상 동반자에 정서적 유대감을 형성하면 인간관계를 대체하게 되어 사회적 고립, 공감 능력 저하로 이어질 수 있다(Turkle, 2017; Skjuve & Følstad, 2022). AI는 즉각적이고 판단 없는 피드백을 주지만, 복잡한 감정 교류와 도전이 수반되는 실제 관계와는 다르다.

또한 AI 알고리즘은 보상 중심 설계를 통해 반복 사용을 유도하며, 이는 중독성과 스크린 과다 사용으로 이어진다(Nagelhout, 2024). 보상에 민감한 청소년 뇌는 즉각적인 피드백과 보상에 익숙하게 되어 자기 조절 능력이 저하될 수 있다.

사회적 상호작용에 미치는 영향

AI 기반 환경에 과도하게 몰입할 경우, 청소년은 실제 대면 상호작용보다 AI 혹은 온라인 상호작용을 선호하게 된다(Xu, 2024). 이는 공감, 비언어적 신호 해석, 갈등 해결 능력 등 사회적 기술을 연습할 기회를 줄이며, 대인관계 발달을 저해한다.

AI와 상호작용하거나 AI가 큐레이션한 온라인 콘텐츠에 몰두하면, 그 반응이 더 예측 가능하고 안전하게 느껴질 수 있다. 그러나 이는 실제 사회에서 필요한 예측 불가능성, 상호적 반응, 감정 조절 능력을 충분히 훈련하지 못하게 한다(Turkle, 2017; Kross et al, 2021).

또한 AI 알고리즘은 참여를 높이기 위해 자극적인 콘텐츠를 우선적으로 보여 주고, 큐레이션된 이미지와 이상화된 디지털 페르소나를 강화한다(Pariser, 2011). 그 결과 청소년은 외형적 기준이나 소셜 미디어상의 인기 지표에 더 집착하게 되며, 비진정적인 자기표현이 강화된다. 이는 자존감 하락과 관계의 피상화로 이어질 수 있다.

부정적 영향에 기여하는 요인

첫째, 청소년의 낮은 AI 리터러시는 비판적 사고 능력 부족과 직접 연결된다. AI의 작동 방식, 데이터 기반 알고리즘, 내재된 편향 등 핵심 개념에 대한 이해가 부족하면, 청소년은 AI가 제시하는 결과를 그대로 수용하게 된다(Xu, 2024).

둘째, 많은 AI 시스템은 설명 가능하지 않은 블랙박스 형태이며, 딥러닝 기반 모델은 결과 도출 과정을 파악하기 어렵다. 이로 인해 사용자는 AI 결과를 비판적으로 평가하지 못하고, 수동적으로 받아들이게 된다(Adadi & Berrada, 2018).

셋째, AI 알고리즘은 사회적 편향을 반영하거나 증폭할 수 있다. AI는 학습한 데이터가 반영하는 구조적 불평등을 그대로 재현하고, 콘텐츠 추천 및 중재 알고리즘에서 특정 집단을 불이익에 노출시킬 수 있다(Anderson, 2024).

넷째, 정보 접근의 제한도 큰 문제다. 예를 들어 인터넷 검열이 강한 사회에서는 다양한 시각과 비판적 정보에 접근하는 것이 어렵다. 이는 AI 결과물에 대한 대안을 탐색하거나 비판적으로 검토할 기회를 제한한다(Nagelhout, 2024).

마지막으로, 사회문화적 맥락도 AI 사용 방식에 영향을 준다. 또래의 사용 행태, 교육 기관의 디지털 전략, 사회적 기대는 청소년의 AI 수용과 활용에 방향성을 제공하며, 무분별한 사용을 강화하거나 줄이는 데 영향을 미친다(Goddard et al, 2012).

도전 과제 해결: 책임감 있는 AI 사용 및 완화 전략

AI 리터러시 향상은 가장 핵심적인 전략이다. 청소년, 교육자, 부모 모두에게 AI의 개념, 작동 방식, 기능과 한계, 윤리적 고려 사항을 이해시키는 교육이 필요하다(Xu, 2024). 이는 AI 결과물을 무비판적으로 수용하지 않고, 비판적 사고를 바탕으로 활용할 수 있도록 돕는다. 또한 AI 도구 사용에 실용적인 기술을 접목해 맥락에 맞는 활용을 장려해야 한다. 단순히 사용하는 법을 넘어, 언제, 어떻게, 왜 AI를 써야 하는지 판단하는 역량이 필요하다. 이는 정보의 신뢰성과 윤리성을 고려하는 데 기여한다.

더 나아가 윤리적 AI 설계를 위한 노력이 필요하다. 개발자는 알고리즘의 투명성을 높이고, 사용자에게 해를 끼치거나 중독을 유발하지 않도록 주의 깊게 설계해야 한다. 편향을 최소화하고, 사용자의 프라이버시를 보장하는 것이 기본이다(Anderson, 2024).

정부의 규제 및 정책은 AI 기술이 책임감 있게 사용될 수 있도록 방향을 제시해야 한다. 개인 정보 보호, 콘텐츠 중재, 알고리즘 투명성 등에서 기준을 세우고, 이를 통해 기업과 기관이 AI를 보다 안전하게 설계하고 배포하게 해야 한다(Nagelhout, 2024).

다양한 이해관계자의 협력 또한 중요하다. 정책 입안자, 교육자, 학부모, 개발자, 시민 사회 단체 등이 함께 참여해 교육 프로그램, 기술 개발, 윤리 기준, 청소년 참여 방안을 마련해야 한다. 특히 청소년의 목소리를 반영하는 구조가 필요하다.

AI와 청소년 복지의 미래 탐색

청소년이 AI를 무분별하게 사용할 경우, 인지, 정서, 사회적 발달 전반에 부정적인 영향을 받을 수 있다. 인지적으로는 AI 도구에 대한 의존이 비판적 사고와 집중력 저하로 이어진다. 정서적으로는 AI 기반 플랫폼이 불안, 우울, 중독을 유발하며, 인간관계 대체는 정서 발달에 악영향을 준다. 사회적으로는 AI와의 상호작용에 몰두하면서 사회적 기술 연습이 줄고, 비진정적인 온라인 관계가 늘어나게 된다.

이러한 문제는 AI 리터러시 부족, 블랙박스 알고리즘, 편향된 데이터, 정보 검열, 사회문화적 환경 등 복합적 요인에서 비롯된다. 따라서 문제 해결을 위해서는 교육,

기술 개발, 규제, 문화적 인식 변화 등 다층적인 접근이 필요하다.

AI 기술이 청소년 삶에 긍정적으로 기여하려면, 이들을 기술 사용자로서가 아니라 사회적 행위자로 존중하며 그들의 목소리를 정책과 설계에 반영해야 한다. AI 중심 사회에서 청소년이 건강하게 성장하고 복지를 누릴 수 있도록, 모든 이해관계자는 신중하고 협력적인 자세를 가져야 한다.

참고문헌

Adadi, A. & Berrada, M.(2018). Peeking inside the black-box: A survey on explainable artificial intelligence(XAI). IEEE Access, 6, pp.52138~52160. https://doi.org/10.1109/ACCESS.2018.2870052

Anderson, M.(2024). Artificial Intelligence and Inequality: Challenges and Opportunities. https://www.qeios.com/read/7HWUZ2

Brandtzaeg, P. B. et al.(2022). My AI friend: How users of a social chatbot understand their human–AI friendship. *Human Communication Research, 48*(3), pp.404~429. https://doi.org/10.1093/hcr/hqac008

Casey, B. J. et al.(2008). The adolescent brain. *Annals of the New York Academy of Sciences, 1124*(1), pp.111~126.

Digital Promise.(2024). AI Literacy: A Framework to Understand, Evaluate, and Use Emerging Technology.

https://digitalpromise.org/2024/06/18/ai-literacy-a-framework-to-understand-evaluate-and-use-emerging-technology/

Digital Wellness Lab.(2023). Key Takeaways from Our 2024 Pulse Survey on Teens and AI.
https://digitalwellnesslab.org/articles/key-takeaways-from-our-2024-pulse-survey-on-teens-and-ai/

Global X ETFs.(2025). Artificial Intelligence in China: Implications and Opportunities.
https://www.globalxetfs.com/artificial-intelligence-in-china-implications-and-opportunities

Goddard, K. et al.(2012). Automation bias: A systematic review of frequency, effect mediators, and mitigators. *Journal of the American Medical Informatics Association, 19*(1), pp.121~127.
https://doi.org/10.1136/amiajnl-2011-000089

Kross, E. et al.(2021). Social media and well-being: Pitfalls, progress, and next steps. *Trends Cogn Sci, 25*(1), pp.55~66.
https://pubmed.ncbi.nlm.nih.gov/33187873/

Nagelhout, T.(2024). Social Media Algorithms and Teen Addiction: Neurophysiological Impact and Ethical Considerations.
https://pmc.ncbi.nlm.nih.gov/articles/PMC11804976/

Pariser, E.(2011). *The Filter Bubble: What the Internet Is Hiding from You.* Penguin Press.

Sun, Y. & Gao, Q.(2023). To Think or Not to Think: The Impact of AI on Critical-Thinking Skills.
https://www.nsta.org/blog/think-or-not-think-impact-ai-critical-thinking-skills

TIME.(2025). What Teenagers Really Think About AI.
https://time.com/7098524/teenagers-ai-risk-lawmakers/

Turkle, S.(2017). Alone together: Why we expect more from technology and less from each other. *Basic Books.*

Xu, Y.(2024). AI's Impact on Children's Social and Cognitive Development.
https://www.childrenandscreens.org/learn-explore/research/ais-impact-on-childrens-social-and-cognitive-development-ying-xu-phd/

08
교육과 AI: 학교에 AI가 들어온다면?

AI 기술은 교육 분야에 혁신적인 변화를 가져올 잠재력을 지니고 있다. AI 기술이 개인 맞춤형 학습, 학습 진단, 그리고 교사 지원 등 다양한 측면에서 유용하게 활용될 수 있는 반면, 기술 의존성 증가, 데이터 프라이버시 문제, 그리고 교육의 인간적 요소 약화와 같은 AI 사용의 단점도 있다.

AI와 인재 채용?

교육에서의 AI 활용 장점

AI는 학생 개개인의 필요에 맞춰 학습을 최적화하는 개인 맞춤형 학습을 가능하게 한다. AI 기반의 학습 시스템은 학생의 학습 속도, 이해도, 선호하는 학습 스타일, 그리고 사전 지식 수준 등을 정밀하게 분석하여 각 학생에게 가장 적합한 콘텐츠와 난도를 실시간으로 제공한다(Baker & Siemens, 2014). 예를 들어, 어떤 학생은 시각적 자료에 더 잘 반응하고, 다른 학생은 문제 해결 중심의 접근법을 선호할 때, AI는 이를 파악하여 맞춤형 학습 경로를 제안한다. 이는 학생들이 자신에게 맞는 속도로 학습하며 학습 동기를 높이고, 학습 효과를 극대화하는 데 기여한다. AI 튜터나 챗봇은 학생들이 질문을 던지거나 어려움을 겪을 때 즉각적인 피드백과 설명을 제공하여, 마치 개별 과외 교사처럼 학생의 이해를 돕는 역할을 수행하기도 한다.

또한 AI는 학습 진단 및 평가의 효율성과 정확성을 크게 향상한다. AI는 학생들의 학습 데이터를 실시간으로 수집하고 분석하여 강점과 약점을 정확하게 진단하며, 학습 진도를 예측하거나 특정 개념에 대한 이해도를 심층적으로 파악한다. 이를 통해 교사는 학생 개개인의 학습 상태를 명확하게 파악하고, 취약 부분에 대한 맞춤형 피드백이나 보충 학습 자료를 적시에 제공할 수 있다. 자동 채점 시스템은 객관식 문제뿐만 아니라 주관식 에세이, 코딩 과제 등 다양한 형식의 평가를 효율적으로 처리하여 교사의 반복적인 업무 부담을 크게 줄여 준다(Koedinger et al, 2013). 교사는 절약된 시간을 학생들과의 깊이 있는 상호작용, 개별적인 심층 지도, 또는 창의적인 수업 설계에 더 집중할 수 있게 된다.

나아가 AI는 교사 지원 도구로서도 큰 가치를 지닌다. AI는 수업 자료 검색, 학습 콘텐츠 추천, 학생별 학습 이력 관리, 그리고 학부모와의 소통 지원 등 다양한 행정 업무를 자동화하여 교사의 업무 부담을 경감한다. 또한 AI 기반의 학습 분석 도구는 교사가 전체 학급 또는 개별 학생들의 학습 패턴과 참여도를 이해하는 데 필요한 통찰력을 제공한다. 예를 들어, 특정 개념에서 다수의 학생이 어려움을 겪는다는 AI의 분석 결과를 바탕으로 교사는 해당 개념을 다시 설명하거나 다른 교수법을 시도하는 등 보다 효과적인 교수 전략을 수립할 수 있다. 이는 교사가 단순 반복 업무에서 벗어나 교육의 본질적인 측면, 즉 학생과의 관계 형성, 창의성 촉진, 그리고 복잡한 문제 해결 능력 지도에 더 집중할 수 있도록 돕는다.

교육에서의 AI 활용 단점 및 위험 요소

AI의 교육적 활용은 많은 장점을 가지지만, 동시에 신중하게 고려해야 할 여러 단점과 위험도 따른다. AI가 모든 답을 제공하거나 학습 과정을 지나치게 자동화할 경우, 학생들이 스스로 생각하고 탐구하며 실패를 통해 배우는 기회가 줄어들 위험이 있다(Selwyn, 2019). 학생들이 복잡한 문제를 AI에 전적으로 맡기거나, AI가 제공하는 정보를 무비판적으로 수용하게 되면, 스스로 탐구하고 비판적으로 평가하는 능력이 발달하지 못하게 된다. 이는 장기적으로 학습자의 자기 주도성과 창의력 발휘를 저해하는 결과로 이어질 수 있다.

데이터 프라이버시 및 보안 문제는 교육 분야에서 AI를 활용할 때 가장 민감하고 중요한 부분이다. 학생들의 학업 성과, 학습 패턴, 개인적인 특성, 심지어 생체 정보 등 방대한 양의 민감한 학습 데이터가 AI 시스템에 축적된다. 이러한 데이터의 유출이나 부적절한 활용은 학생과 학부모의 프라이버시를 심각하게 침해할 수 있으며, 이는 심각한 사회적 문제로 비화될 수 있다(Sclater, 2019). 특히 미성년자의 정보 보호에 대한 강력한 보안 및 윤리적 지침, 그리고 법적 규제 마련이 필수적이다. 또한 AI 시스템에 내재된 알고리즘 편향은 교육적 불평등을 심화할 수 있다. 특정 집단에 대한 편향된 데이터로 학습된 AI는 학습 경로 추천, 평가, 또는 진로 지도 등에서 불공정한 결과를 초래하여 교육 기회의 차별을 발생시킬 위험이 있다.

또한 AI가 교육 과정에 깊숙이 개입할수록 교육의 인간적 요소가 약화될 위험이 존재한다. 교사와 학생, 그리고 학생과 학생 간의 직접적인 상호작용과 감성적 교류는 학습에서 지식 습득만큼이나 중요하다. 인간 교사는 학생의 정서적 성장, 사회성 발달, 그리고 윤리적 가치관 함양에 필수적인 역할을 한다(Watters, 2019). AI가 이러한 인간적인 상호작용을 대체하게 되면, 공감 능력, 협업 능력, 비판적 의사소통 능력 등 인간 고유의 역량 발달에 부정적인 영향을 미칠 수 있다. 또한 AI 기술 접근성의 차이로 인한 디지털 격차는 교육 불평등을 더욱 심화하고, 사회적 계층 간의 격차를 벌릴 수 있다.

효과적인 AI 교육 통합 전략

AI의 장점을 극대화하고 단점을 최소화하기 위해서는 신중하고 균형 잡힌 접근 방식이 필요하다. 첫째, 인간과 AI의 협력(Human-AI Collaboration) 모델을 구축해야 한다. AI는 교사의 보조 도구이자 학생의 학습 파트너로서 기능하며, 궁극적인 의사결정권과 최종 책임은 항상 인간에게 있음을 명확히 해야 한다. AI는 반복적이고 데이터 기반의 작업을 처리하여 교사의 효율성을 높이고, 교사는 AI가 제공하기 어려운 정서적 지원, 동기 부여, 창의적 사고 유도, 그리고 복잡한 윤리적 딜레마 지도를 담당한다. AI는 인간 교사를 보완하고 역량을 강화하는 도구이지, 대체하는 존재가 아니라는 인식이 중요하다.

둘째, 윤리적 AI 사용 가이드라인을 교육 현장에 명확히 적용하고, 학생들에게도 AI 윤리 교육을 강화해야 한다. 학교는 학생 데이터의 수집, 저장, 활용에 대한 투명한 정책을 수립하고 이를 모든 구성원에게 명확히 알려야 한다. 학생들에게는 데이터 프라이버시의 중요성, 알고리즘 편향의 개념, 그리고 AI의 한계와 오용 가능성을 교육하여 책임감 있는 AI 사용 문화를 조성하도록 이끌어야 한다(Southgate et al, 2018).

셋째, AI 교육을 비판적 사고 및 창의성 증진의 기회로 적극 활용해야 한다. AI 도구를 단순히 답을 얻는 도구가 아닌, 문제를 해결하고 탐구 과정을 돕는 파트너로 활용하도록 지도한다. 학생들이 AI가 생성한 정보를 비판적으로 평가하고, AI의 편향성을 인지하며, AI를 활용하여 새로운 아이디어를 창출하는 능력을 기르도록 장려한다. 예를 들어, AI가 제안한 해결책을 그대로 따르는 것이 아니라, AI의 논리를 분석하고 더 나은 대안을 고민하는 토론식 수업을 도입하는 방식이다.

넷째, 교사 역량 강화를 위한 지속적인 투자가 이루어져야 한다. AI 기술의 빠른 발전에 발맞춰 교사들이 AI 교육 도구를 효과적으로 활용하고, AI 시대에 필요한 새로운 교수법을 개발할 수 있도록 체계적인 연수 프로그램과 지원 시스템을 제공해야 한다. 교사들이 AI를 두려워하거나 회피하는 대신, 교육 혁신의 기회로 삼을 수 있도록 충분한 자원과 전문가의 멘토링을 제공하는 것이 중요하다.

결론적으로, AI는 교육의 효율성과 개인화를 높이는 강력한 도구로서, 미래 교육에 필수적이다. 하지만 그 활용은 인간 중심의 가치를 최우선으로 하고, 윤리적 고려와 비판적 관점을 잃지 않는 방향으로 이루어져야 한다. 이러한 전략적 접근이 미래 교육의 질을 한 단계 더 높이고, 학생들이 AI 시대에 필요한 역량을 갖춘 주체적인 시민으로 성장하는 데 핵심 열쇠가 될 것이다.

참고문헌

Baker, R. S. & Siemens, G.(2014). Educational Data Mining and

Learning Analytics. In R. K. Sawyer(Ed.), *The Cambridge Handbook of the Learning Sciences*(2nd ed., pp.253~274). Cambridge University Press.

Koedinger, K. R. et al.(2013). The Knowledge–Learning–Instruction framework: Bridging the science–practice chasm to enhance robust student learning. *Cognitive Science, 337*(8), pp.1403~1462.

Sclater, N.(2019). Intelligent Campus: Enhancing the Student Experience with AI. Jisc.

Selwyn, N.(2019). *Should Robots Replace Teachers? AI and the Future of Education.* Polity Press.

Southgate, E. et al.(2018). Artificial Intelligence in Education: A Literature Review. NSW Department of Education.

Watters, A.(2019). *The Monsters of Education Technology.* CreateSpace Independent Publishing Platform.

09
미래의 나, AI와 함께 일할 수 있을까?

AI 기술의 발전과 그 활용은 우리 사회에 전례 없는 변화를 가져오고 있다. 하지만 이러한 변화 속에서 윤리적 문제와 책임의 중요성은 더욱 부각된다. 특히 미래 세대는 AI 리터러시, 창의성, 비판적 사고, 윤리적 책임을 갖춘 시민으로 성장해야 하며, 평생학습 역량이 필수적이다.

AI와 기자?

변화하는 직업 시장과 미래 역량

AI의 발전은 기존의 많은 직업을 자동화하고, 동시에 새로운 직업을 창출하며, 기존 직업의 성격을 변화시키는 등 직업 시장에 근본적인 변화를 가져온다(Frey & Osborne, 2017). 단순 반복적이거나 예측 가능한 업무는 AI에 의해 대체될 가능성이 크다. 예를 들어, 데이터 입력, 기본적인 고객 응대, 단순 조립 등의 업무는 AI와 로봇에 의해 효율적으로 수행될 수 있다. 하지만 인간 고유의 역량, 즉 창의적 문제 해결, 복잡한 사회적 상호작용, 비판적 판단, 감성적 지능이 요구되는 직업의 가치는 더욱 높아진다. AI 시스템을 개발, 관리, 개선하는 직업이나, AI 기술을 활용하여 새로운 가치를 창출하는 직업들이 부상한다. 또한 인간적인 소통과 공감이 중요한 의료, 교육, 상담 분야에서도 AI는 보조적인 역할을 할 뿐, 인간 전문가의 역할은 더욱 중요해진다. 다음 세대는 이러한 변화에 유연하게 적응하고 미래 사회의 요구에 부합하는 역량을 갖추는 것이 필수적이다.

미래 사회에서 청소년들이 갖추어야 할 핵심 역량은 다음과 같다. 첫째, AI 리터러시는 기본 중의 기본이다. 이는 단순히 AI 도구를 사용하는 것을 넘어, AI의 작동 원리, 한계, 잠재적 영향, 그리고 윤리적 측면을 깊이 이해하는 능력을 말한다(Long & Magerko, 2020). AI를 통해 얻은 정보의 신뢰성을 판단하고, AI 시스템이 야기할 수 있는 편향성을 인식하며, AI를 책임감 있게 활용하는 능력이 중요해진다. AI가 생성한 결과물을 비판적으로 검토하고, AI의 오류나 한계를 인지하며, 필요에 따라 AI의 도움 없이도 문제를 해결할 수 있는 능력이 필요하다.

둘째, 비판적 사고와 문제 해결 능력이다. AI는 방대한 데이터를 분석하고 패턴을 인식하는 데 뛰어나지만, 복잡하고 예측 불가능한 문제를 정의하고, 다양한 관점에서 해결책을 모색하며, AI의 결과를 비판적으로 평가하는 능력은 여전히 인간의 고유한 영역이다. AI의 도움을 받아 더 복잡한 문제를 해결하고, 창의적인 질문을 던지며, AI가 제시하지 못하는 새로운 해결 방안을 탐색하는 능력이 중요해진다. AI는 문제 해결 과정을 돕는 강력한 도구이지만, 문제 자체를 정의하고 최종적인 해결책을 선택하는 것은 인간의 몫이다.

셋째, 창의성과 혁신 능력이다. AI는 기존 데이터를 학습하여 새로운 것을 생성할 수 있지만, 진정한 의미의 혁신은 인간의 상상력과 직관, 그리고 다양한 분야의 지식과 경험을 융합하는 능력에서 비롯된다. AI를 창의적인 활동의 도구로 활용하고, 새로운 아이디어를 끊임없이 탐색하며, 기존의 틀을 깨는 사고방식을 개발하는 것이 중요하다. 예술, 디자인, 과학 연구 등 창의성이 핵심인 분야에서 AI는 인간의 창의성을 증폭하는 역할을 할 수 있다.

넷째, 정서 지능과 사회적 기술이다. AI가 기술적 업무를 처리할수록 인간 간의 소통, 협업, 공감 능력, 리더십 등 사회적 상호작용 역량의 중요성은 더욱 커진다. 팀워크, 갈등 해결, 문화적 다양성 이해, 효과적인 의사소통 등 인간적인 소통 능력이 요구되는 역할은 AI가 대체하기 어렵다. 미래 사회에서는 다양한 배경을 가진 사람들과 협력하고, 복잡한 사회적 상황을 이해하며, 타인의 감정을 공감하는 능력이 더욱 중요해진다.

다섯째, 평생 학습 능력이다. 기술의 발전 속도가 빨라짐에 따라, 한번 배운 지식과 기술로 평생을 살아가는 시대는 끝났다. 새로운 기술과 지식을 끊임없이 습득하고, 빠르게 변화하는 환경에 유연하게 적응하며, 스스로 학습 경로를 설계하는 능력이 미래 사회의 필수적인 역량이다(Schwab, 2016). 대학 교육 이후에도 온라인 강좌, 직무 교육, 자기 주도 학습 등을 통해 지속적으로 자신의 역량을 업데이트해야 한다.

윤리적 사고와 사회적 책임감

AI 기술이 강력해질수록, 그 기술을 사용하는 개인과 사회 전체의 윤리적 사고와 사회적 책임감은 더욱 중요해진다. 다음 세대는 AI가 사회에 미칠 긍정적 영향과 함께 부정적 영향, 예를 들어 사생활 침해, 편향된 의사결정, 일자리 감소, 디지털 격차 심화 등의 문제에 대한 인식을 명확히 해야 한다. 단순히 AI를 사용하는 것을 넘어, AI가 사회에 미치는 영향을 윤리적 관점에서 성찰하고, 공정하고 인간 중심적인 AI 시스템을 만들어 나가는 데 기여해야 한다(Russell & Norvig, 2020).

이는 AI의 설계 단계부터 윤리적 원칙을 반영하는 '책임 있는 AI 개발'에 참여하거나, AI 기술의 오용을 방지하기 위한 사회적 논의에 적극적으로 참여하는 형태로 나타날 수 있다. 예를 들어, AI 시스템의 데이터 편향성을 검토하고 개선을 요구하거나, AI의 의사결정 과정을 투명하게 공개하도록 요구하는 활동에 참여할 수 있다. 다음 세대는 AI 기술을 단순히 소비하는 것을 넘어, 기술의 방향성을 제시하고 사회적 합의를 이끌어 내는 주체적인 역할을 수행해야 한다. AI가 개인의 자유와 존엄성을 침해하지 않으면서도, 사회 전체의 이익을 증진하는 방향으로 발전할 수 있도록 감시하고 견제하는 시민 의식이 요구된다.

AI 사용의 책임과 가이드라인

AI 기술의 윤리적 사용은 개발자, 사용자, 그리고 정책 입안자 모두의 공동 책임이다. 개발자는 처음부터 윤리적 원칙을 설계 과정에 통합하는 '윤리적 설계(Ethics by Design)'를 지향해야 한다. 편향되지 않은 데이터세트를 구축하고, 알고리즘의 공정성을 검증하며, 투명성과 설명 가능성을 높이기 위한 기술적 노력을 기울여야 한다(Jobin et al, 2019). 또한 잠재적인 위험을 예측하고 이를 최소화하기 위한 방안을 마련하는 것이 개발자의 중요한 책임이다.

사용자인 우리 모두는 AI 기술을 비판적으로 이해하고 책임감 있게 사용하는 AI 시민 의식을 함양해야 한다. AI가 제공하는 정보나 추천을 맹목적으로 수용하기보다는 그 출처와 의도를 비판적으로 평가하는 태도가 필요하다. 개인 정보 보호의 중요성을 인지하고, 자신의 데이터가 어떻게 활용되는지 적극적으로 확인하며, 불공정한 AI 시스템에 대해 목소리를 내는 것이 중요한다. 특히 청소년들은 디지털 환경에서 자신의 행동이 미치는 영향을 이해하고, 온라인상에서 타인을 존중하는 윤리적 태도를 갖추는 것이 필수적이다.

정책 입안자는 AI 기술의 윤리적 발전을 위한 법적, 제도적 기반을 마련하는 데 핵심적인 역할을 한다. 데이터 프라이버시 보호를 위한 강력한 규제, 알고리즘 편향을 방지하고 투명성을 요구하는 법률 제정, 그리고 AI 책임 소재를 명확히 하는 가이드라인을 수립해야 한다(European Commission, 2019). 또한 AI 윤리 교육을 공공 교육 과정에 포함하여 모든 시민이 AI 윤리에 대한 인식을 높일 수 있도록 지원해야 한다.

이러한 다각적인 노력을 통해 우리는 AI가 가져올 수 있는 잠재적 위험을 최소화하고, 기술이 인간의 가치를 존중하며 사회적 이익을 극대화하는 방향으로 발전하도록 유도할 수 있다. AI의 윤리적 사용은 단순히 기술적 문제가 아니라, 기술이 사회에 미치는 영향을 깊이 성찰하고 더 나은 미래를 함께 만들어 가는 공동의 노력이다.

참고문헌

European Commission.(2019). Ethics Guidelines for Trustworthy AI.

Floridi, L. et al.(2018). AI4People—Ethical guidelines for a desirable AI. *Nature Machine Intelligence, 1*(9), pp.389~399.

Frey, C. B. & Osborne, M. A.(2017). The future of employment: How susceptible are jobs to computerisation?. *Technological Forecasting and Social Change, 114*, pp.254~280. https://doi.org/10.1016/j.techfore.2016.08.019

Jobin, A. et al.(2019). The global landscape of AI ethics guidelines. *Nature Machine Intelligence, 1*(9), pp.389~399.

Long, D. & Magerko, B.(2020). *What is AI Literacy? Competencies and Design Considerations.* Proceedings of the 2020 CHI Conference on Human Factors in Computing Systems.

Noble, S. U.(2018). *Algorithms of Oppression: How Search Engines Reinforce Racism.* New York University Press.

O'Neil, C.(2016). *Weapons of Math Destruction: How Big Data Increases Inequality and Threatens Democracy.* Crown.

Russell, S. J. & Norvig, P.(2020). *Artificial intelligence: A modern approach*(4th ed.). Pearson.

Schwab, K.(2016). The Fourth Industrial Revolution. World Economic Forum.

10
모두를 위한 AI 사회, 가능할까?

AI 기술이 사회 전반에 미치는 영향이 커짐에 따라, AI 리터러시의 중요성을 인식하고 이를 교육 현장 및 사회 전반에 통합하기 위한 정책적 제안은 필수적이다.

AI와 미래 의사?

AI 리터러시 강화를 위한 정책적 제안

AI 리터러시를 국민 모두의 기본 소양으로 만들기 위해서는 국가 차원의 체계적인 정책 지원이 필요하다. 첫째, 교육 커리큘럼에 AI 리터러시 통합은 핵심적인 정책이다. 유치원부터 고등 교육에 이르기까지 모든 교육 단계에 AI의 기본 원리, 윤리적 문제, 사회적 영향 등을 포함하는 교육 내용을 필수적으로 포함해야 한다(OECD, 2021). 이는 단순한 코딩 교육을 넘어, AI를 비판적으로 이해하고 책임감 있게 활용하는 능력을 기르는 데 초점을 맞춘다. 교사들이 AI 교육을 효과적으로 수행할 수 있도록 교사 연수 프로그램을 강화하고, AI 교육 전문 인력을 양성하는 것도 중요하다.

둘째, 공공 AI 리터러시 캠페인 및 플랫폼 구축이 필요하다. 정부는 미디어, 온라인 플랫폼 등을 활용하여 AI의 긍정적 측면과 부정적 측면을 균형 있게 알리는 대국민 캠페인을 전개해야 한다. 또한 연령별, 직업별 맞춤형 AI 학습 콘텐츠를 제공하는 공공 온라인 플랫폼을 구축하여 누구나 쉽게 AI 리터러시를 함양할 수 있는 환경을 조성한다(World Economic Forum, 2020).

셋째, AI 윤리 및 규제 프레임워크 강화는 AI 리터러시 교육의 효과를 높이는 중요한 보완책이다. AI 사용에 대한 명확한 윤리 가이드라인을 제시하고, 데이터 프라이버시 및 알고리즘 투명성에 대한 법적 규제를 강화하여 안전하고 신뢰할 수 있는 AI 환경을 조성하는 것이 정책적 목표가 된다(EU Commission, 2021).

정부, 교육 기관, 기업의 협력

AI 리터러시 향상은 특정 주체만의 노력으로는 달성하기 어렵다. 정부는 AI 교육의 정책적 방향을 제시하고, 예산을 지원하며, 관련 법규를 정비하는 주도적인 역할을 담당한다. 또한 AI 기술 개발과 교육의 표준화를 위해 산학연 협력을 촉진해야 한다.

교육 기관은 AI 리터러시 교육의 최전선에서 실제 교육 프로그램을 개발하고 실행한다. 혁신적인 교수법을 도입하고, 학생들이 AI를 직접 경험하고 문제를 해결하는 프로젝트 기반 학습을 장려한다. AI 관련 학과 및 전공을 확대하고, 다양한 배경을 가진 학생들이 AI 분야에 진출할 수 있도록 지원하는 것도 교육 기관의 역할이다.

기업은 AI 기술의 실질적인 적용 주체로서 AI 리터러시 교육에 기여할 수 있는 방안이 많다. AI 기술 개발 및 활용에 대한 최신 동향과 실제 사례를 교육 현장에 공유하고, 교육 프로그램 개발에 자문 역할을 수행한다. 또한, 인턴십 프로그램이나 멘토링을 통해 학생들이 현장에서 AI 기술을 경험하고 전문가와 교류할 수 있는 기회를 제공한다(IBM, 2023). 사회 공헌 활동의 일환으로 AI 교육 콘텐츠를 개발하거나 교육 인프라를 지원하는 것도 중요하다.

AI 리터러시를 통한 사회적 변화

AI 리터러시의 확산은 궁극적으로 사회 전반의 긍정적인 변화를 이끌어 낼 것이다. 첫째, 시민들의 비판적 사고 능력 향상에 기여한다. AI가 제공하는 정보와 서비스에 대한 이해가 깊어지면서, 정보의 신뢰성을 판단하고 알고리즘의 편향을 인지하며 주체적으로 기술을 활용하는 능력이 강화된다.

둘째, 디지털 격차 해소 및 포용 사회 구축에 기여한다. AI 리터러시 교육을 통해 모든 계층의 사람들이 AI 기술의 혜택을 누릴 수 있도록 하고, 기술로부터 소외되는 이들이 없도록 지원한다. 이는 AI 시대를 함께 살아가는 공동체 의식을 함양하는 데 도움이 된다.

셋째, 새로운 직업군 형성 및 경제 성장에 기여한다. AI 리터러시를 갖춘 인재는 빠르게 변화하는 노동 시장에 유연하게 적응하고, AI 관련 새로운 산업과 직업을 창출하는 데 기여한다. 이는 국가 경쟁력을 강화하고 지속 가능한 경제 성장을 가능하게 하는 기반이 된다.

AI 윤리적 고려사항의 핵심

AI 기술은 현대 사회의 근간을 흔들고, 우리의 삶의 방식을 근본적으로 재정의하는 혁신적인 힘으로 빠르게 부상하고 있다. 스마트폰에서부터 자율주행 자동차, 의료 진단 시스템에 이르기까지, AI는 이미 우리 일상 깊숙이 침투하여 편리함과 효율성을 증대하고 있다. 하지만 이러한 눈부신 발전의 이면에는 우리가 심각하게 고민하고 해결해야 할 윤리적 문제와 책임이라는 그림자가 드리워져 있다. AI 기술이 고도로 발전하고 그 활용 범위가 넓어질수록, 예상치 못한 윤리적 딜레마와 사회적 파급 효과가 더욱 복잡하고 심각한 양상으로 나타날 수 있다. 따라서 우리는 지금부터라도 AI의 윤리적 함의를 심층적으로 탐구하고, 책임감 있는 AI 사용을 위한 사회적 합의와 제도적 장치를 마련하는 데 총력을 기울여야 한다.

AI 시스템은 방대한 양의 데이터를 수집, 분석, 학습하여 복잡한 의사결정을 자율적으로 수행하는 능력을 갖추고 있다. 이러한 AI의 작동 방식은 데이터의 획득부터 저장, 분석, 활용에 이르기까지 전 과정에서 다양한 윤리적 문제를 야기한다.

첫째, 데이터 프라이버시 침해는 AI 윤리에서 가장 첨예하고 근본적인 문제 중 하나다. AI는 개인의 이름, 연락처, 위치 정보, 구매 기록, 건강 정보 등 민감한 개인 정보를 광범위하게 수집하고 분석하여 맞춤형 서비스를 제공하거나 예측 모델을 구축하는 데 활용한다. 하지만 이러한 과정에서 개인의 자기 정보 결정권이 침해될 위험이 항상 존재한다(O'Neil, 2016). 개인의 동의 없이 정보가 수집되거나, 수집된 정보가 본래의 목적과 다르게 활용되거나, 보안 소홀로 인해 정보가 유출될 경우 개인에게 심각한 피해를 입힐 수 있다. 특히 디지털 환경에 익숙하지만 정보 보호 의식이 미흡할 수 있는 청소년은 온라인 활동 과정에서 자신도 모르게 개인 정보가 과도하게 수집되고 사용될 수 있다는 점을 인지하지 못한 채 심각한 프라이버시 침해 위험에 무방비로 노출될 수 있다. 따라서 AI 시스템 개발 단계부터 개인 정보 보호를 위한 기술적 · 관리적 안전장치를 마련하고, 정보 주체의 권리를 보장하는 제도적 프레임워크를 확립하는 것이 시급하다.

둘째, 편향된 알고리즘은 사회에 이미 존재하는 불평등과 차별을 심화하고 고착화할 수 있는 심각한 문제다.

AI 모델은 개발자가 제공한 학습 데이터를 기반으로 패턴을 인식하고 예측, 의사결정을 수행한다. 만약 학습 데이터에 인종, 성별, 사회경제적 지위 등에 대한 편향이 내재되어 있다면, AI는 이러한 편향을 그대로 학습하거나 오히려 증폭해 차별적인 결과를 초래할 수 있다 (Noble, 2018). 예를 들어, 특정 인종이나 성별에 대한 범죄 데이터로 학습된 얼굴 인식 AI 시스템은 특정 집단을 잠재적 범죄자로 잘못 인식할 가능성이 높아 사회적 낙인과 불이익을 야기할 수 있다. 채용, 대출 심사, 교육 기회 제공 등 중요한 영역에서 편향된 AI가 사용될 경우, 특정 집단에게 불리한 결과를 초래하여 사회 전체의 공정성을 훼손할 수 있다. 특히 아직 가치관이 형성 중인 청소년의 경우, 소셜 미디어 알고리즘이 무비판적으로 특정 콘텐츠나 편향된 관념에 지속적으로 노출시켜 왜곡된 세계관을 형성하게 하거나, 다양한 정보에 대한 접근성을 제한하여 자기 주도적 학습과 성장을 저해할 수 있다. 따라서 AI 개발자는 학습 데이터의 다양성과 대표성을 확보하고, 알고리즘의 공정성을 평가하고 개선하는 노력을 지속해야 한다.

셋째, AI 시스템의 작동 원리를 이해하기 어렵게 만드는 투명성과 설명 가능성 부족은 AI 윤리의 또 다른 핵심 쟁점이다. 소위 '블랙박스' 문제로 불리는 AI의 불투명성은 시스템이 어떠한 근거와 과정을 거쳐 특정 결정을 내렸는지 인간이 명확히 이해하기 어렵게 만든다(Floridi et al, 2018). 이는 AI 시스템의 오작동이나 예측 불가능한 오류, 또는 부당하거나 차별적인 결정이 발생했을 때 그 원인을 정확히 파악하고 책임을 묻는 것을 어렵게 만든다. 특히 의료, 법률, 금융 등 개인의 삶에 중대한 영향을 미치는 분야에서 AI가 사용될 경우, 그 결정 과정의 불투명성은 개인의 권리 침해로 이어질 수 있고, AI 시스템에 대한 신뢰를 저하시킬 수 있다. 따라서 AI 개발자는 시스템의 작동 방식을 최대한 투명하게 설계하고, 사용자가 AI의 결정 과정을 이해하고 납득할 수 있도록 설명 가능한 AI(XAI) 기술 개발에 투자해야 한다.

AI와 공존하는 지속 가능한 사회를 위한 역할

다음 세대는 AI 기술의 수동적인 수용자가 아닌, AI 시대의 능동적인 설계자이자 책임자로서의 역할을 해야 한다. 이를 위해 다양한 방안을 제안할 수 있다. 첫째, 융합적 사고 능력을 키워야 한다. 기술, 인문학, 사회과학, 예술 등 다양한 분야의 지식을 통합하여 AI가 가져올 복잡한 사회적, 윤리적, 경제적 문제들을 해결할 수 있는 능력을 갖춘다. AI 기술의 가능성을 이해하는 동시에 인간의 가치와 사회적 맥락을 고려하는 균형 잡힌 시각이 필요하다.

둘째, 글로벌 협력의 중요성을 인식해야 한다. AI는 국경을 넘어 전 세계에 영향을 미치므로, 국제적인 협력을 통해 AI 윤리 규범을 마련하고, AI 기술이 전 세계적으로 공정하고 평등하게 활용될 수 있도록 노력해야 한다. AI 기술의 혜택이 특정 국가나 집단에만 집중되지 않고, 전 인류의 복지 증진에 기여하도록 국제적인 논의와 협력에 참여하는 자세가 중요하다.

셋째, 정책 결정 과정에 대한 관심과 참여를 높여야 한다. AI 관련 법규나 사회적 합의는 미래 사회의 모습을 결정하는 중요한 요소이므로, 청소년들은 시민으로서 이러한 논의에 관심을 갖고 적극적으로 참여해야 한다. 청소년의 목소리가 AI 정책 결정 과정에 반영될 수 있도록 다양한 시민 참여 플랫폼을 활용하고, 자신의 의견을 논리적으로 개진하는 능력을 길러야 한다.

AI 기술의 미래가 불확실하지만, 다음 세대가 적절한 역량과 윤리 의식을 갖춘다면 충분히 긍정적인 방향으로 나아갈 수 있다고 전망한다. AI는 인간을 대체하는 것이 아니라, 인간의 능력을 확장하고 더 나은 사회를 건설

하는 강력한 도구가 될 수 있다. 다음 세대는 이러한 AI의 잠재력을 최대한 발휘하면서도, 그 위험을 현명하게 관리하여 지속 가능하고 인간 중심적인 AI 사회를 만들어 가는 주역이 될 것이다.

참고문헌

EU Commission.(2021). Proposal for a Regulation laying down harmonised rules on Artificial Intelligence(Artificial Intelligence Act).

European Commission.(2019). Ethics Guidelines for Trustworthy AI.

Floridi, L. et al.(2018). AI4People—Ethical guidelines for a desirable AI. *Nature Machine Intelligence, 1*(9), pp.389~399.

IBM.(2023). IBM's approach to AI skills and education. Retrieved from IBM's official website.

Jobin, A. et al.(2019). The global landscape of AI ethics guidelines. *Nature Machine Intelligence, 1*(9), pp.389~399.

Noble, S. U.(2018). *Algorithms of Oppression: How Search Engines Reinforce Racism.* New York University Press.

O'Neil, C.(2016). *Weapons of Math Destruction: How Big Data Increases Inequality and Threatens Democracy.* Crown.

OECD.(2021). AI and the Future of Skills: Accelerating Understanding of Key AI Skills and Competencies. OECD Publishing.

World Economic Forum.(2020). The Future of Jobs Report 2020.

정소영

동아대학교 미디어커뮤니케이션학과 조교수다. 융합적 접근으로 미국 시라큐스대학교에서 매스커뮤니케이션학 박사 학위를 받았다. 성균관대학교 인터랙션사이언스학과에서 석사 학위를 받았으며 학부는 서던캘리포니아대학교(USC, University of Southern California)에서 순수미술을 전공했다. 《0.1퍼센트 인재들의 생각법》(2022), 《Social Media Natives Perceive Mediated-Communication as Optimal Communication: The Roles of Social Media Starting Age and Its Usage》(2025), 《Augmented reality in the health domain: projecting spatial augmented reality visualizations on a perceiver's body for health communication effect》(2019), 《The Role of the Self-Presence for Interactive Large Digital Displays: Gesture Interactivity and Mirrored-Self Image for Advertising Content》(2022) 등 열 편 이상의 저서와 논문을 사회과학 인용색인(SSCI, Social Sciences Citation Index) 등 등재 학술지에 게재했다.